아이한자

8급 바로따기

전국한자능력검정시험도 '아이한자'와 함께

전국 한자 능력 검정시험이 2001년 부터 국가 공인시험으로 인정받은 것을 계기로 전국 초, 중등학생들의 한자에 대한 관심이 폭발적으로 증가하고 있습니다.

한문 과목이 2005년도 대학 수학능력시험부터 제2 외국어 영역으로 추가되고, 급수자 격증 취득시 초, 중, 고 생활기록부 기재와 함께 대입이나 기업체 입사시험 등에서 다양한 혜택이 주어짐에 따라 초등학생 때 부터의 자연스런 한자 학습 분위기가 만들어 지고 있습니다.

이에 따라 쉽고 재미있는 한자학습을 추구해 온 아이한자에서는 국내 최초로 온라인 사이트(www.ihanja.com)와 학습서적을 결합한 전국 한자 능력 검정시험 대비 최 상의 통합 프로그램을 선보이게 되었습니다.

급수 시험 응시를 위한 다양한 실전 경험을 <아이한자 급수 바로따기> 책으로 익히는 동시에, 온라인상에서 한자 급수게임이나 급수 측정 테스트, 만화 고사성어 등으로 한 자학습의 재미를 만끽할 수 있습니다. 특히, 아이한자의 자랑인 <유래 알기> 와 <유래 그리기>를 통해 '한자는 그리는 놀이' 라는 신개념의 학습법으로 창의력과 학습 성취 도가 눈에 띄게 올라갈 것입니다.

<아이한자 급수 바로따기>로 국가 공인 자격증도 취득하고 한자의 흥미로운 세계를 한껏 느끼기 바랍니다.

전국한자능력검정시험이란 무엇인가요?

전국 한자 능력 검정시험은 (사) 한국어문회가 주관하고 한자능력 검정회가 시행하는 한자활용능력검정시험으로 1992년 12월 9일 1회 시험을 시작으로 매년 실시되어 2001년 5월 19일 18회부터 국가공인{1급~3급Ⅱ(29회부터), 교육부 공인증서 제 2000-1호}으로 인정받은 시험 입니다.

전국한자능력검정시험의 배정글자수

급 수		수준 및 특성
교육급수	8급	읽기 50자, 쓰기 없음 유치원생이나 초등학생의 학습동기부여를위한 급수
	7급	읽기 150자, 쓰기 없음 한자공부를 처음 시작하는 분을 위한 초급단계
	6급Ⅱ	읽기 300자, 쓰기 50자 한자쓰기를 시작하는 첫 급수
	6급	읽기 300자, 쓰기 150자 기초 한자쓰기를 시작하는 급수
	5급	읽기 500자, 쓰기 300자 학습용 한자쓰기를 시작하는 급수
	4급Ⅱ	읽기 750자, 쓰기 400자 5급과 4급의 격차를 해소하기 위한 급수
	4급	읽기 1000자, 쓰기 500자 초급에서 중급으로 올라가는 급수
공인급수	3급Ⅱ	읽기 1500자, 쓰기 750자 4급과 3급의 격차를 해소하기 위한 급수
	3급	읽기 1817자, 쓰기 1000자 신문 또는 일반 교양서를 읽을 수 있는 수준
	2급	읽기 2355자, 쓰기 1817자 일상 한자어를 구사할 수 있는 수준
	1급	읽기 3500자, 쓰기 2005자 국한혼용 고전을 불편 없이 읽고 공부할수 있는 수준

● 초등학생은 4급, 중·고등학생은 3급, 대학생은 2급과 1급 취득에 목표를 두고, 학습하길 권해 드립니다.

전국한자능력검정시험의 합격기준 / 시험시간

구 분	공인급수				교육급수						
	1급	2급	3급	3급Ⅱ	4급	4급Ⅱ	5급	6급	6급Ⅱ	7급	8급
출제 문항수	200	150	150	150	100	100	100	90	80	70	50
합격 문항수	160	105	105	105	70	70	70	63	56	49	35
시험 시간	90분	60분			50분						

■전국한자능력검정시험은 어떻게 치를까요?

정규 시험은 1년에 3회에 걸쳐 실시하며 공인급수 시험과 교육급수 시험을 별도로 실시 합니다.(한국 한자능력검정회 홈페이지 참조 http://www.hanja.re.kr) 응시자격은 제한이 없으며, 모든급수(8급~1급) 에 누구나 응시 가능 합니다. (제29회부터 적용)

국가공인 한자능력급수 취득자 우대사항

⊙ 자격기본법 제27조에 의거 국가자격 취득자와 동등한 대우 및 혜택을 받습니다.
⊙ 교육인적자원부 훈령 제616호『학생생활기록부 전산처리 및 관리지침』에 의거 학교생활기록부에 등재, 입시에 활용됩니다.
⊙ 육군간부 승진 고과에 반영됩니다.(부사관 5급, 위관장교 4급, 영관장교 3급 이상)
⊙ 경제5단체, 신입사원 채용 때 전국한자능력검정시험 응시 권고 (3급 응시요건, 3급 이상 가산점)하고 있습니다.
⊙ 2005학년도 대학수학능력시험부터 '漢文'이 선택과목으로 채택되었습니다.
⊙ 전국한자능력검정시험의 한자능력급수 취득 시 대입 면접 가산점, 학점, 졸업 인증에 반영됩니다.
⊙ 대학입시 수시모집 및 특별전형에 반영됩니다.

전국한자능력검정시험의 출제유형

구 분	공인 급수				교육 급수						
	1급	2급	3급	3급II	4급	4급II	5급	6급	6급II	7급	8급
읽기 배정 한자	3,500	2,355	1,817	1,500	1,000	750	500	300	300	150	50
쓰기 배정 한자	2,005	1,817	1,000	750	500	400	300	150	50	0	0
독음	50	45	45	45	30	35	35	33	32	32	25
훈음	32	27	27	27	22	22	24	23	30	30	25
장단음	10	5	5	5	5	0	0	0	0	0	0
반의어	10	10	10	10	3	3	4	4	3	3	0
완성형	15	10	10	10	5	5	5	4	3	3	0
부수	10	5	5	5	3	3	0	0	0	0	0
동의어	10	5	5	5	3	3	3	2	0	0	0
동음이의어	10	5	5	5	3	3	3	2	0	0	0
뜻풀이	10	5	5	5	3	3	3	2	2	2	0
약자	3	3	3	3	3	3	3	0	0	0	0
필순	0	0	0	0	0	0	0	3	3	2	2
한자쓰기	40	30	30	30	20	20	20	20	10	0	0

● 상위급수 한자는 모두 하위급수 한자를 포함하고 있습니다.
● 쓰기 배정 한자는 한두급수 아래의 읽기 배정 한자이거나 그 범위내에 있습니다.
● 출제 유형표는 기본 자료로서, 출제자의 의도에 따라 다소 차이가 있을 수 있습니다.

8급 바로따기

학습 페이지

유래 알기
한자가 만들어진 유래를 그림으로 익혀 연상하게 합니다.

활용단어 채우기
실제 사용되는 단어를 알고 직접 적어 봅니다.

획순 표시
쓰는 순서를 한눈에 알 수 있게하여 쉽게 따라 쓸 수 있습니다.

부수
여러 한자에 같이 사용되는 부수를 알게 합니다.

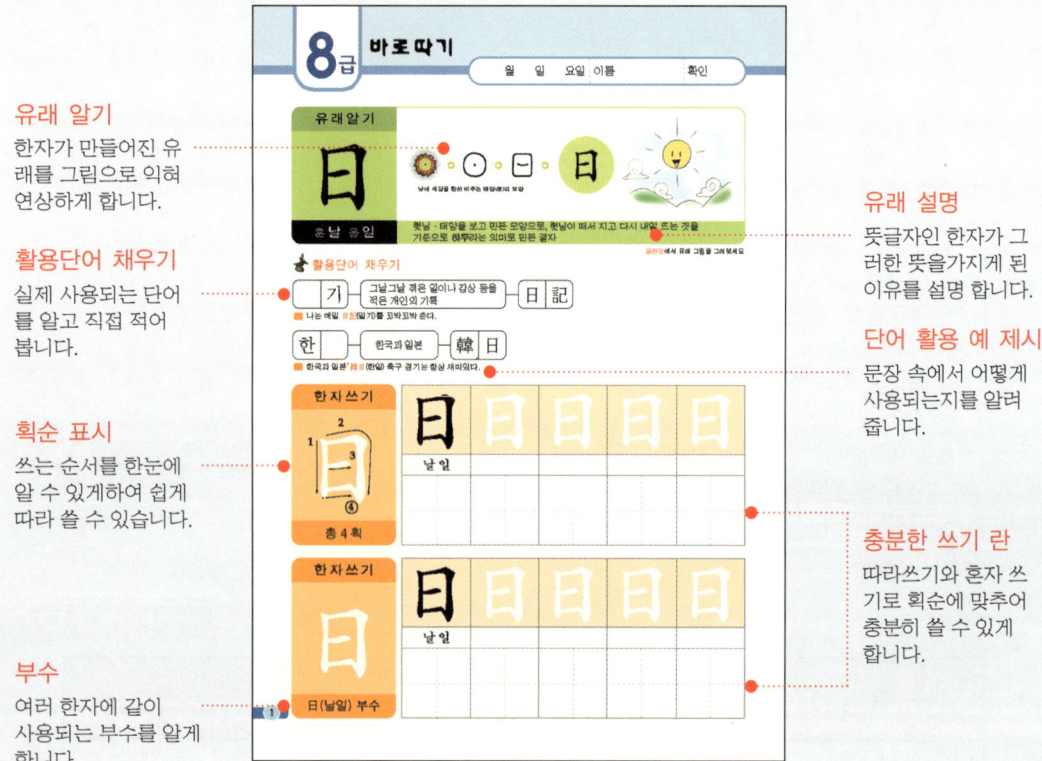

유래 설명
뜻글자인 한자가 그러한 뜻을가지게 된 이유를 설명 합니다.

단어 활용 예 제시
문장 속에서 어떻게 사용되는지를 알려 줍니다.

충분한 쓰기 란
따라쓰기와 혼자 쓰기로 획순에 맞추어 충분히 쓸 수 있게 합니다.

온라인 통합학습

멀티미디어 학습

유래내용을 귀로 듣고 마우스로 유래그림을 따라 그리고 획순에 맞추어 써보는 시청각 참여 학습을 할수 있습니다.

게 임

매주 프로그램에 따라 게임과 시험보기로 놀이 공부와 확인 학습을 동시에 할수 있습니다.

만화 고사성어

캐릭터들이 이야기 속에서 엮어가는 재미있는 고사성어의 세계를 느껴 보세요.

구성과 특징

본문 구성

한자의 특성·기원·3요소·필순 부수 등 한자의 기초를 만화로 재미 있게 익힙니다.

시험에 출제된 문제와 출제 예상되는 문제를 실제 답안지에 풀어보고 틀린 문제만 집중 공부하는 마무리 학습을 합니다.

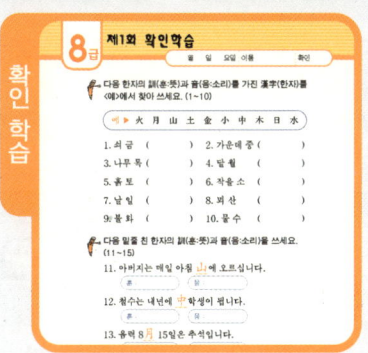

1회분의 10글자를 공부한 뒤 해당문 제를 접해 보는 확인학습을 합니다.

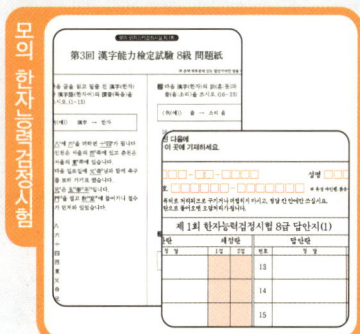

실제시험 출제유형과 같은 방식으로 시험문제와 답안지를 작성하는 모의 고사를 3회실시하여 실전 적응력을 높입니다.

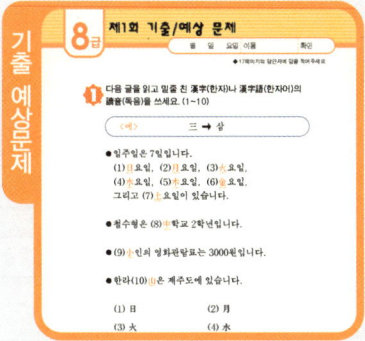

시험에 기출/예상되는 문제를 풀어 보고 실력을 기릅니다.

<부록>급수별 한자카드로 가족 친 구와 함께 한자맞추기 게임 등 재미 있는 이동학습이 가능합니다.

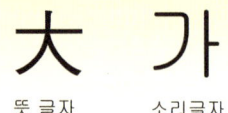

大 가

뜻 글자　소리글자
(표의문자)　(표음문자)

한자는 글자마다 어떤 뜻을 가지고 있는 '뜻 글자' 입니다

헉!! 옷까지 같아입고..

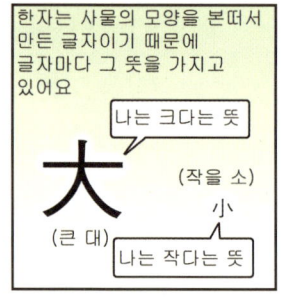

한자는 사물의 모양을 본떠서 만든 글자이기 때문에 글자마다 그 뜻을 가지고 있어요

나는 크다는 뜻

大
(큰 대)

(작을 소)
小

나는 작다는 뜻

日(날 일)은 어떻게 생겨났을까요?

난 어디서 왔지?

옛날 사람들은 동쪽에서 떠서 서쪽으로 지는 해를 보고 '하루 또는 날'이라고 하였어요

우가 우가
(하루, 날)

해를 글자로 만들어 볼까요?

얍!!

日(날 일) 이 글자는 햇님을 보고 만든 것을 알 수 있겠죠?

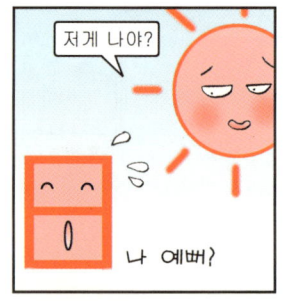

저게 나야?

나 예뻐?

그래서 이 글자의 뜻은 '날(하루)'이 되고 읽기(음)는 '일'이라고 읽어요

에헴~

모양	뜻	음
日	날	일

정리해 보면

이런 한자는 다른 글자와 합쳐져도 항상 '날'이라는 뜻을 가지고 있어요

日記(일기):하루 하루 일어난 일을 적는것
休日(휴일): 쉬는 날

이렇게 한 글자마다 뜻을 가지고 있는 한자를 '뜻글자(표의문자)'라고 합니다

表
意
文
字

그럼 우리나라 한글은 어떤 글자인가요?

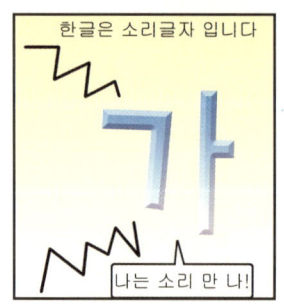

한글은 소리글자 입니다

가

나는 소리 만 나!

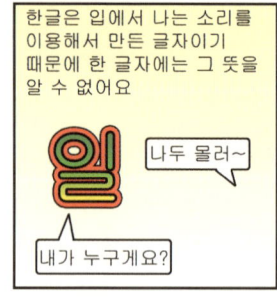

한글은 입에서 나는 소리를 이용해서 만든 글자이기 때문에 한 글자에는 그 뜻을 알 수 없어요

일

나두 몰러~

내가 누구게요?

'일'은 어떻게 만들어 쳤나 해부를 해 볼까요?

일

나 의사

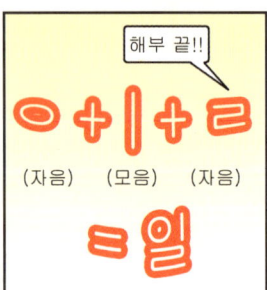

해부 끝!!

ㅇ + ㅣ + ㄹ

(자음)　(모음)　(자음)

= 일

무슨 뜻인지 알 수가 없지요?

ㅇ ㅣ ㄹ

절레

절레

모 양	뜻	음(읽기)
ㅇ+ㅣ+ㄹ =일	한 글자로는 알 수 없다.	일

정리해 보면..

그럼 어떻게 뜻을 알 수 있죠?

?

다른 글자와 합쳐서 뜻을 알 수 있죠..

일+년=일년

'일 하지 않는 자는 먹지도 말라' 처럼 문장 속에 들어가면 뜻을 알 수 있죠..

한자와는 달리 한글,영어, 일본어 등 대부분의 글자는 이렇게 되어 있어요

그래서 한글을 소리글자 (표음문자) 라고 해요

表音文字

 한자의 기원

나는 어떻게 만들어 졌을까?

大

그럼 악동아 한자는 어떻게 생겨났니?

옛날 중국의 황하강 유역에 사람들이 모여 살며 고대문명을 이루었는데 그것을 황하문명 (黃河文明)이라고 해요

황하강

이 황화 문명을 일으킨 고대의 사람들은 사물을 간단한 그림으로 그려 자기의 뜻을 전달하는 수단으로 삼았어요

이렇게 그려서 [해]라고 하자

이런 [그림문자]들이 한자를 만들게 된 시작이 되어 [상형문자]로 발달하게 되었지요

야~ 잘 그렸다!

그 뒤 중국 상고시대에 [창힐] 이라는 사람이 새와 짐승의 발자국을 흉내내어 여러사물의 모양을 본떠 만들었다는 이야기도 있어요

개빌 새빌이다~

현재 알려진 가장 오래된 형태의 한자는 약 3,500년 전 황하 유역에 있던 은(殷)나라의 [갑골문자]랍니다.

황하강

은

[갑골문자]는 거북이 등을 불로 지져서 그 갈라진 금을 보고 미래를 예측하는 점(占)을 쳤는데, 그 모양들을 갑골 (거북이 등이나 소 뼈)에 새겨놓은 것이죠

밀보슈?

잇!!!뜨거~~

지글 지글

갑골문자

甲骨文字

으....

이와 같이 한자는 그림문자 상형문자,갑골문자 등 오랜 세월을 거쳐 생성되어 변화하고 다듬어지면서 지금의 모양으로 만들어졌어요.

꿀꺽~

선생님! 앉아서 들어 주실래요?

 한자의 3요소

1 2 3

한자는 사물의 모양을 본떠 만들어, 그 사물의 뜻이 글자에 들어 있어요.

말을 글자로 만들어 볼까요?

馬 → 馬
↓
馬 ← 馬

그럼 이 글자에 들어 있는 3가지 요소를 알아볼까요?

먼저 모양은 '馬' 입니다.
뜻은 '달리는 말'을 나타내죠
소리(읽기)는 '마'라고 읽죠

그래서 [馬]글자를 보고
'말 마'라고 읽습니다.

馬

말 마!!

이렇게...

馬

'馬'라는
① 모양(형태)

말

'말'이라는
② 뜻 (훈)

달리는 말

마~

'마' 라고 읽는
③ 소리(음)

모양,뜻,소리를 한자의 3가지
요소라고 합니다

히힝~
말되네~

억!

한자의 필순

1
2
3

악동이가 이렇게 똑똑해
지다니!!

뜨아~앙~

한자를 쓰는 순서를 '필순'
이라고 합니다. 필순에 맞추어
한자를 쓰면 쓰기가 쉬울뿐만
아니라 글자의 모양도 올바르게
된답니다.그럼 필순의 12가지
방법을 알아볼까요?

반짝
반짝

① 위에서 아래로 쓴다.

三(석 삼) 一 二 三

② 왼쪽에서 오른쪽으로 쓴다

川(내 천) 丿 丿 川

③ 가로,세로가 겹칠때는
가로획을 먼저쓴다

十(열 십) 一 十

흐음···

④ 좌우대칭일때,가운데 획을
먼저 쓴다

小(적을 소) 丿 小 小

⑤ 가운데를 꿰뚫는 세로획은
맨 나중에 쓴다

中(가운데 중) 丨 口 口 中

정가운데를 뚫어야지

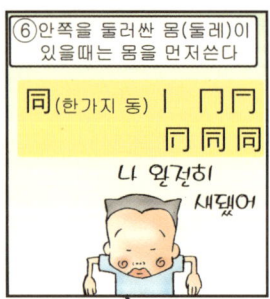

⑥ 안쪽을 둘러싼 몸(둘레)이
있을때는 몸을 먼저쓴다

同(한가지 동) 丨 冂 冂
同 同 同

나 완전히
새됐어

⑦ 삐침과 파임이 어울릴때는
삐침을 먼저 쓴다

文(글월 문) 丶 一 ナ 文

잇 삐침?

(삐침)   (파임)

⑧ 허리를 긋는 세로획은 맨
나중에 쓴다

女(계집 녀) 人 女 女

허리를   졸라매야

커헉~

⑨ 아래를 에운 획은 나중에
쓴다

也(어조사 야) 乛 力 也

⑩ 삐침은 먼저 쓰는 것과 나중에 쓰는 것이 있다.
- 먼저 쓰는 것 九(아홉 구) ノ 九
- 나중에 쓰는 것 力(힘 력) フ 力

⑪ 오른쪽 위의 점은 맨 나중에 쓴다.

犬(개 견) 一 ナ 大 犬

나
점박이

⑫ 받침은 맨 나중에 쓴다.

近(가까울 근) 一 ㄱ ㅏ 斤 斤 近 近

샥

아아~ 나는 왜 이렇게 똑똑한 걸까?

한자의 부수

나 부수 記

한자의 부수란 무엇일까요? 한글 강,개,금에는 똑같이 'ㄱ'이 들어가지요 이와같이 한자의 여러 글자에 같이 쓰이는 기본글자를 '부수'라고 합니다.

나 모범생

한자에는 모두 214개의 부수 글자가 있는데 그 위치에 따라 7가지로 이름이 바뀝니다.

우와~

① 변-부수가 왼쪽에 있을때

記 住 海

記

② 방-부수가 오른쪽에 있을때

相 朝 則

相

③ 머리-부수가 위에 있을때

草 安 答

安

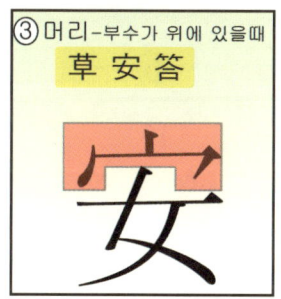

④ 엄호-부수가 위와 왼쪽을 싸고있을때

原 病 席

病

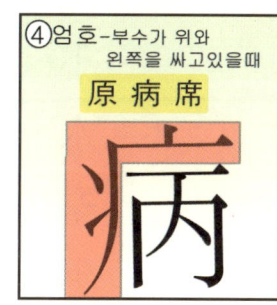

⑤ 받침-부수가 왼쪽과 밑에 있을때

道 建 近

道

⑥ 발-부수가 밑에 있을때

忠 兄 共

忠

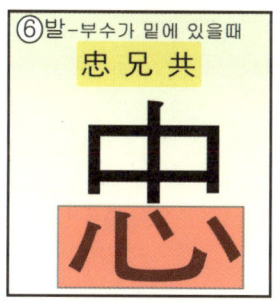

⑦ 몸- 전체를 에워 쌀때

國 因

國

⑦ 몸- 위쪽으로 에워 쌀때

間 開

間

⑦ 몸- 좌우로 에워 쌀때

街 術

街

그럼 이상으로 저의 강의를 모두 마치기로 하겠습니다. 헤헤~~

그래 수고 했다. 어서 자리에 앉아라.

꾸벅~~

악동이가 이상해..

저렇게 똑똑해 지다니..

척!!척!

온라인 한자 세계에서 더 많은 만화 학습을 하세요.

-끝-

ㄱ 校(교) -------- 85
　　敎(교) -------- 86
　　九(구) -------- 38
　　國(국) -------- 92
　　軍(군) -------- 75
　　金(금) -------- 17

ㄴ 南(남) -------- 50
　　女(녀) -------- 66
　　年(년) -------- 69

ㄷ 大(대) -------- 89
　　東(동) -------- 48

ㄹ 六(륙) -------- 35

ㅁ 萬(만) -------- 88
　　母(모) -------- 54
　　木(목) -------- 16
　　門(문) -------- 70
　　民(민) -------- 91

ㅂ 白(백) -------- 74
　　父(부) -------- 53
　　北(북) -------- 51

ㅅ 四(사) -------- 33
　　山(산) -------- 21
　　三(삼) -------- 32
　　生(생) -------- 72
　　西(서) -------- 49
　　先(선) -------- 71
　　小(소) -------- 20
　　水(수) -------- 15
　　室(실) -------- 87
　　十(십) -------- 39

ㅇ 五(오) -------- 34
　　王(왕) -------- 93
　　外(외) -------- 52
　　月(월) -------- 13
　　二(이) -------- 31
　　人(인) -------- 67
　　一(일) -------- 30
　　日(일) -------- 12

ㅈ 長(장) -------- 68
　　弟(제) -------- 56
　　中(중) -------- 19

ㅊ 靑(청) -------- 73
　　寸(촌) -------- 57
　　七(칠) -------- 36

ㅌ 土(토) -------- 18

ㅍ 八(팔) -------- 37

ㅎ 學(학) -------- 84
　　韓(한) -------- 90
　　兄(형) -------- 55
　　火(화) -------- 14

日 날 일 	金 쇠 금/성 김 
月 달 월	土 흙 토 
火 불 화 	中 가운데 중 
水 물 수 	小 작을 소 
木 나무 목 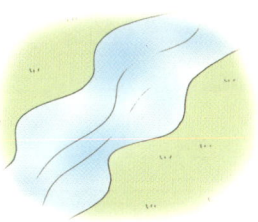	山 메 산 

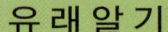
월   일   요일 | 이름   확인

유래 알기

낮에 세상을 환히 비추는 태양(해)의 모양

| 훈 날 | 음 일 |

햇님 · 태양을 보고 만든 모양으로, 햇님이 떠서 지고 다시 내일 뜨는 것을 기준으로 **하루**라는 의미로 만든 글자

온라인에서 유래 그림을 그려보세요

활용단어 채우기

| □ | 기 | ─ | 그날그날 겪은 일이나 감상 등을 적은 개인의 기록 | ─ | 日 | 記 |

예 나는 매일 日記(일기)를 꼬박꼬박 쓴다.

| 한 | □ | ─ | 한국과 일본 | ─ | 韓 | 日 |

예 '한국과 일본'의 韓日(한일) 축구 경기는 항상 재미있다.

한 자 쓰기

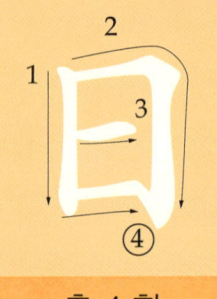

날 **일**

총 4 획

한 자 쓰기

날 **일**

日(날일) 부수

유래 알기

訓 달 音 월

밤에 떠있는 달의 모양

밤 하늘에 떠 있는 달님을 보고 만든 모양으로, 달은 한 달에 한번씩 모양이 달라져서 **한달**이라는 뜻의 글자

온라인에서 유래 그림을 그려보세요

활용단어 채우기

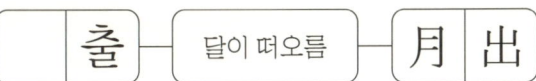

출　—　달이 떠오름　—　月 出

예 우리는 月出(월출)을 보기위해 뒷동산에 올랐다.

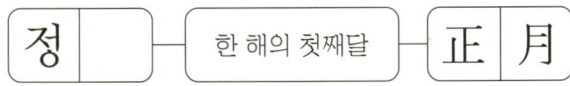

정　—　한 해의 첫째달　—　正 月

예 正月(정월)대보름 날, 달을 보며 소원을 빈다.

한 자 쓰기

月
달 **월**

총 4 획

月	月	月	月

한 자 쓰기

月
달 **월**

月(달월) 부수

月	月	月	月

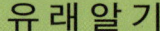

| 월 | 일 | 요일 | 이름 | 확인 |

유래 알 기

火

  火

나무에 붙어 활활 타오르는 불의 모양

훈 불 음 화

활활 타오르는 불의 모양으로, **불** 이라는 뜻의 글자

온라인에서 유래 그림을 그려보세요

 **활용단어 채우기**

| | 산 | 땅속의 마그마가 밖으로 터져 나와 된 산 | 火 山 |

예 한국에는 현재 활동 중인 火山(화산)이 없다.

| | 전 | 산이나 들을 불태우고 일구어 곡식을 재배하는 방법 | 火 田 |

예 火田(화전)을 일구어 농사짓는 사람을 화전민이라 한다.

한 자 쓰 기

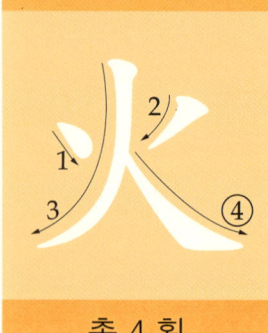

불 **화**

총 4 획

한 자 쓰 기

불 **화**

火(불화) 부수

14

유래알기

水

냇가에 흐르는 물의 모양

훈 물 음 수

강에 꾸불꾸불 흘러가는 물의 모양으로, **물** 이라는 뜻의 글자

온라인에서 유래 그림을 그려보세요

🎨 활용단어 채우기

| 력 | — | 물의 힘 | — | 水 | 力 |

예 소양강에는 아주 큰 水力(수력) 발전소가 있다.

| 생 | | — | 끓이거나 소독하지 않은 맑은 샘물 | — | 生 | 水 |

예 수돗물 대신 生水(생수)를 마시는 가정이 많아졌다..

한자쓰기

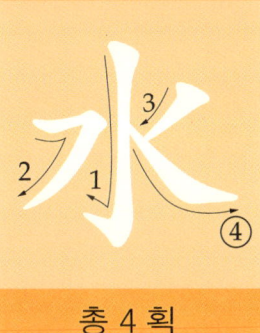

물 수

총 4 획

水 水 水 水

물 수

한자쓰기

水

물 수

水 水 水 水

물 수

水(물수) 부수

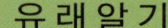
유래알기

木

뿌리부터 가지까지의 나무 전체를 나타낸 모양

훈 **나무** 음 **목**

땅에 뿌리를 내리고 가지가 뻗어있는 한 그루 나무의 모양으로, **나무**를 뜻하는 글자

온라인에서 유래 그림을 그려보세요

🖌 활용단어 채우기

| | 수 |—| 나무를 다듬어 집을 짓거나 물건을 만드는 사람 |—| 木 | 手 |

예 이 통나무 집을 지은 木手(목수)가 누구일까?

| 고 | |—| 아주 오래된 나무 |—| 古 | 木 |

예 우리 동네 입구에는 300년 묵은 古木(고목)이 서 있다.

한 자 쓰기

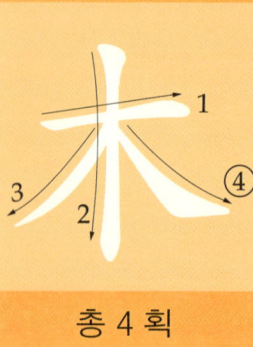

나무 목

총 4 획

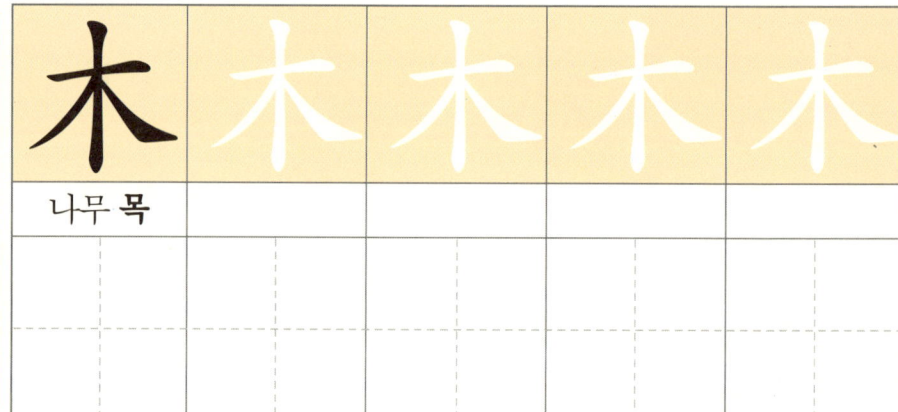

나무 목

한 자 쓰기

木(나무목) 부수

나무 목

8급 바로따기

| 월 | 일 | 요일 | 이름 | 확인 |

유래알기

金

 →  →  →

산 속에 묻혀있는 쇠붙이의 모양

훈 쇠 음 금

산 속에 묻혀있는 금·은·쇠붙이의 모양으로, **쇠**를 뜻하는 글자

※ '성 김'으로도 쓰입니다.

🖌 활용단어 채우기

| | 력 | ─ 돈의 힘 ─ | 金 | 力 |

예 죽으면 권력도 金力(금력)도 필요 없다.

| 백 | | ─ 은백색의 귀금속 ─ | 白 | 金 |

예 이 반지는 白金(백금)으로 만들었다.

한 자 쓰기

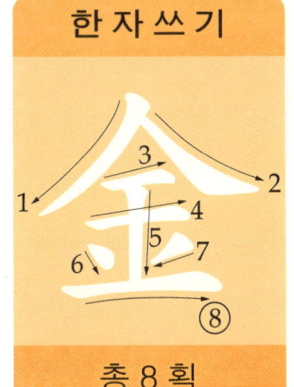

쇠 금

金 金 金 金

총 8 획

한 자 쓰기

金

쇠 금

金 金 금 金

金(쇠금) 부수

17

월	일	요일	이름		확인

유래 알기

土

만물이 자라는 땅(흙)을 나타낸 모양

훈 흙 음 토

새 싹을 돋게 하는 **땅·흙**을 뜻하는 글자

온라인에서 유래 그림을 그려보세요

🐰 활용단어 채우기

인	미개한 지역에서 원시적인 생활을 하는 사람들	土 人

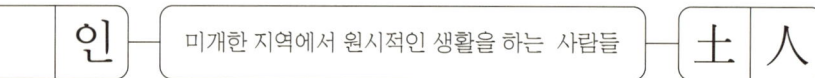

예 아프리카 土人(토인)들은 순수하다.

목	흙, 나무 등으로 건축의 기초를 놓음	土 木

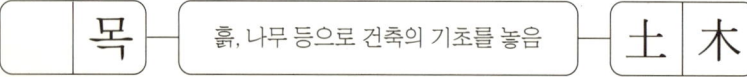

예 건축은 土木(토목) 공사가 중요하다.

한 자 쓰 기

土

흙토

총 3 획

한 자 쓰 기

土

흙토

土(흙토) 부수

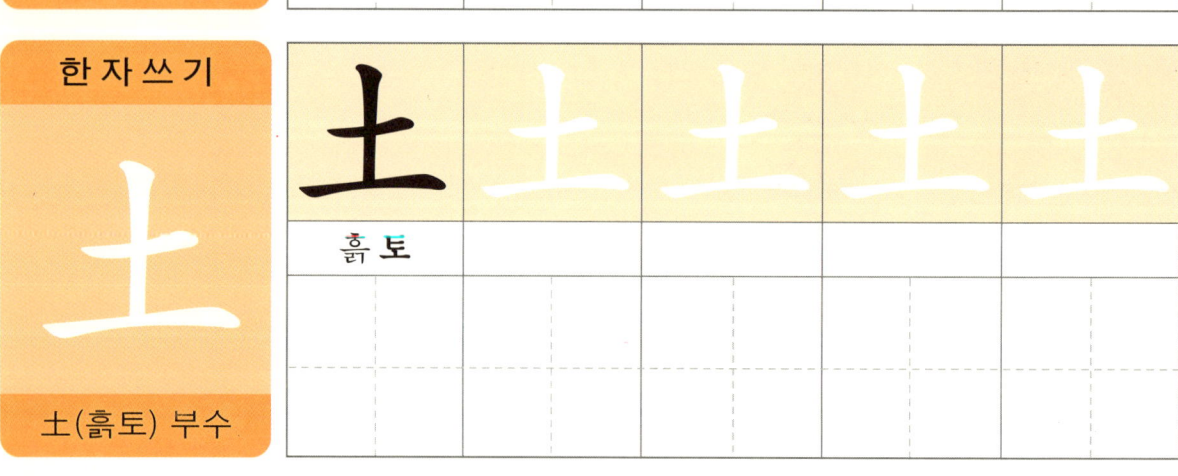

유래알기

中

훈 가운데 음 중

가운데 깃발을 중심으로 모여든 모양

사람을 모으기 위해 가운데 깃발을 꽂아 놓은 모양으로 **가운데**라는 뜻의 글자

온라인에서 유래 그림을 그려보세요

활용단어 채우기

| 학 | 생 | → 중학교에 재학하는 학생 | → | 中 | 學 | 生 |

예 우리 형은 中學生(중학생) 이다.

| | 립 | → 어느 쪽에도 치우치지 않고 중간에 섬 | → | 中 | 立 |

예 두 친구가 싸우면, 나는 항상 中立(중립)을 지킨다.

한 자 쓰 기

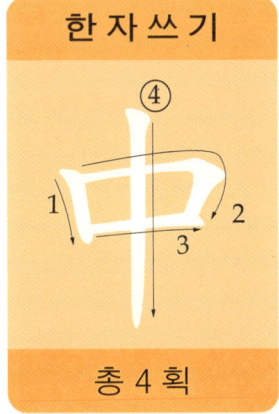

中 中 中 中

가운데 **중**

총 4 획

한 자 쓰 기

中 中 中 中

가운데 **중**

ㅣ(뚫을곤) 부수

월 일 요일 이름 확인

유래 알기

큰 사과나무에서 떨어진 작은 사과의 모양

휴~ 나무는 큰데 어째서 이렇게 작은 사과만 열리는 거야.

훈 작을 **음** 소

큰 사과나무에서 떨어진 작은 사과들의 모양으로, **작다**라는 뜻의 글자

온라인에서 유래 그림을 그려보세요

활용단어 채우기

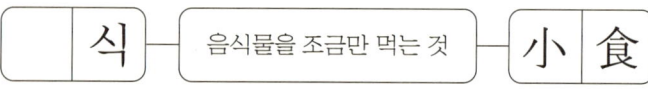

| | 식 | — 음식물을 조금만 먹는 것 — | 小 | 食 |

예 다이어트는 小食(소식)부터 시작해야 한다.

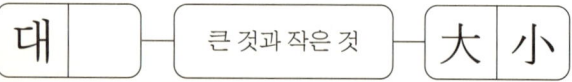

| 대 | | — 큰 것과 작은 것 — | 大 | 小 |

예 이 물건은 大小(대소) 간에 별 차이가 없다.

한 자 쓰 기

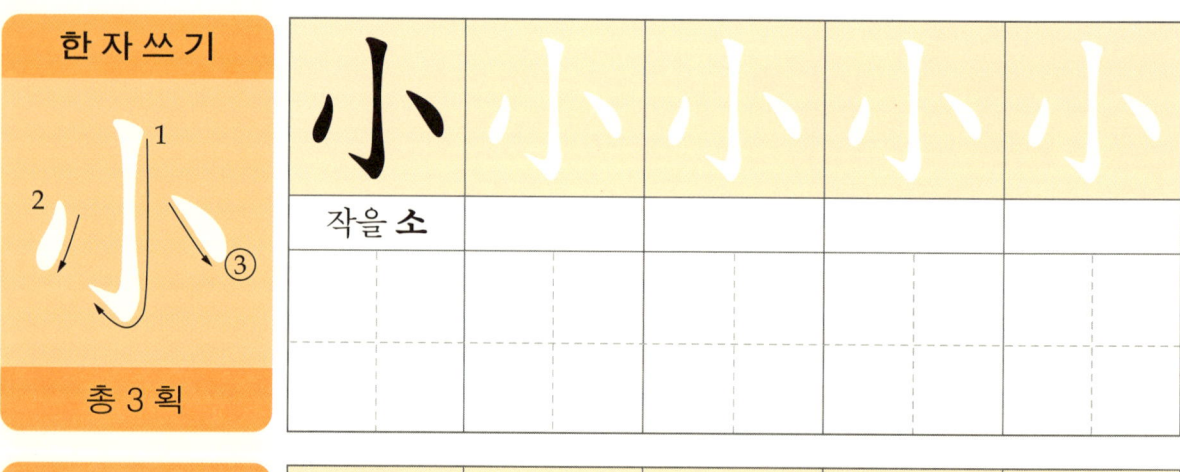

작을 소

총 3 획

한 자 쓰 기

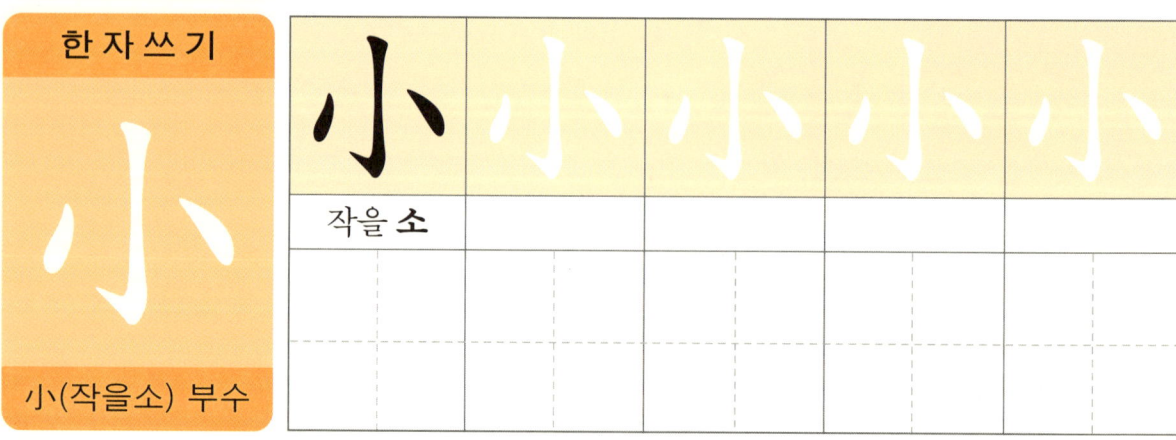

작을 소

小(작을소) 부수

월 일 요일 이름 확인

유 래 알 기

山

산을 나타낸 모양

훈 **메** 음 **산**

산의 모양을 보고 만든 글자로, **메**를 뜻하는 글자

* 메/뫼 – 산의 옛날 이름

온라인에서 유래 그림을 그려보세요

활용단어 채우기

	수

자연의 경치

山	水

예 이 곳은 山水(산수)가 아름답다.

남	

서울 중심지에 있는 산

南	山

예 아빠와의 南山(남산) 구경이 연희에게는 마냥 행복한 하루였다.

한 자 쓰 기

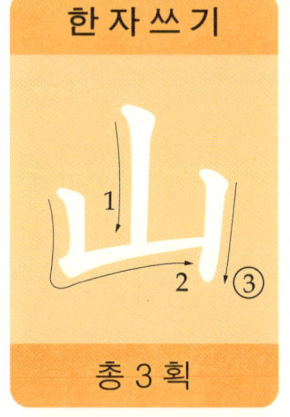

메 산

총 3 획

한 자 쓰 기

메 산

山(메산) 부수

월	일	요일	이름		확인

 다음 訓(훈:뜻)과 音(음:소리)을 가진 漢字(한자)를 <예>에서 찾아 쓰세요. (1~10)

예 ▶ 火 月 山 土 金 小 中 木 日 水

1. 쇠 금 (   )   2. 가운데 중 (   )

3. 나무 목 (   )   4. 달 월 (   )

5. 흙 토 (   )   6. 작을 소 (   )

7. 날 일 (   )   8. 메 산 (   )

9. 불 화 (   )   10. 물 수 (   )

 다음 밑줄 친 漢字(한자)의 訓(훈:뜻)과 音(음:소리)을 쓰세요. (11~15)

11. 아버지는 매일 아침 山에 오르십니다.

훈 :   음 :

12. 철수는 내년에 中학생이 됩니다.

훈 :   음 :

13. 음력 8月 15일은 추석입니다.

훈 :   음 :

14. 다음 주 水요일은 소풍가는 날입니다.

훈 :   음 :

15. 걸리버는 小인국을 여행했습니다.

훈 :   음 :

◆ 해답은 26페이지에 있습니다.

◆ 27페이지의 답안지에 답을 적어주세요.

 1 다음 글을 읽고 밑줄 친 漢字(한자)나 漢字語(한자어)의 讀音(독음)을 쓰세요. (1~10)

〈예〉　　　三 ➡ 삼

● 일주일은 7일입니다.
　(1) 日요일, (2) 月요일, (3) 火요일,
　(4) 水요일, (5) 木요일, (6) 金요일,
　그리고 (7) 土요일이 있습니다.

● 철수형은 (8) 中학교 2학년입니다.

● (9) 小인의 영화관람료는 3,000원입니다.

● 한라(10) 山은 제주도에 있습니다.

(1) 日　　　　　(2) 月

(3) 火　　　　　(4) 水

(5) 木　　　　　(6) 金

(7) 土　　　　　(8) 中

(9) 小　　　　　(10) 山

2 다음 漢字(한자)의 訓(훈:뜻)과 音(음:소리)을 쓰세요.
(11~14)

> <예>   中 ➡ 가운데 중

(11) 金

(12) 土

(13) 日

(14) 木

3 다음에 알맞은 漢字(한자)를 <예>에서 골라 써 보세요.
(15~18)

> <예>   日   月   火   小

(15) 불 화

(16) 달 월

(17) 작을 소

(18) 날 일

4 다음 밑줄 친 낱말 뜻에 알맞은 漢字(한자)를 〈예〉에서 찾아 써 보세요. (19~21)

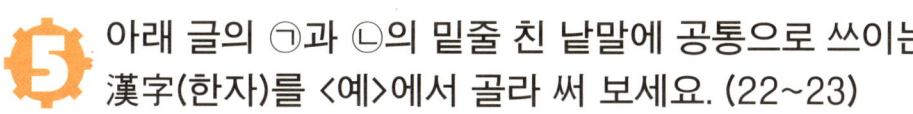

〈예〉　　水　山　木　火

철수는 식목일에 아버지와 함께 (19)산에 올라갔습니다. (20)나무도 심고 (21)물도 주었습니다.

(19)산　　　　　　(20)나무　　　　　　(21)물

5 아래 글의 ㉠과 ㉡의 밑줄 친 낱말에 공통으로 쓰이는 漢字(한자)를 〈예〉에서 골라 써 보세요. (22~23)

〈예〉　　月　中　金

(22) ㉠ 금고에는 많은 보물들이 가득했습니다.
　　 ㉡ 이번 추석은 금요일입니다.

(23) ㉠ 다음 주 월요일은 어린이 날입니다.
　　 ㉡ 오 월 팔 일은 어버이 날입니다.

 다음 글자들은 무슨 뜻이며 어떤 소리(음)로 읽을까요.
<예>에서 골라 보세요. (24~30)

〈예〉	소	흙	작다	가운데
	중	목	토	산

(24) 中은 (　　　　)이라고 읽습니다.

(25) 中은 (　　　　)라는 뜻입니다.

(26) 木은 (　　　　)이라고 읽습니다.

(27) 土는 (　　　　)라고 읽습니다.

(28) 土는 (　　　　)을 가리킵니다.

(29) 小는 (　　　　)라고 읽습니다.

(30) 小는 (　　　　)라는 뜻입니다.

제1회 확인학습 해답 1. 金 2. 中 3. 木 4. 月 5. 土 6. 小 7. 日 8. 山 9. 火 10. 水
11. 메 산 12. 가운데 중 13. 달 월 14. 물 수 15. 작을 소

제 1 회 기출/예상 문제 답안지

번호	정 답	채점	번호	정 답	채점
1			16		
2			17		
3			18		
4			19		
5			20		
6			21		
7			22		
8			23		
9			24		
10			25		
11			26		
12			27		
13			28		
14			29		
15			30		

담당교사		점 수	

■ 틀린 문제 복습하기

■ 받아쓰기

一 하나 일 	六 여섯 륙(육) 
二 두 이 	七 일곱 칠 
三 석 삼 	八 여덟 팔 
四 넉 사 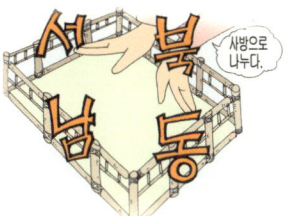	九 아홉 구 
五 다섯 오 	十 열 십 

1을 표시하기 위해 나무 막대 한 개를 놓은 모양

일!

훈 **하나** 음 **일**

숫자 1을 표시하기 위해 나무막대 한 개를 놓아둔 모양으로 **하나** 라는 뜻의 글자

※ '한 일'로도 쓰입니다.

활용단어 채우기

| □ | 금 | — 돈의 액수를 쓸 때 그 앞에 돈이란 뜻으로 쓰는 말 | — | 一 | 金 |

예 이 인형은 一金(일금) 만 원입니다.

| □ | 인 | — 한 사람 | — | 一 | 人 |

예 一人(일인) 일인이 모여서 사회가 되고 국가가 됩니다.

한 자 쓰 기

①

총 1 획

하나 일

한 자 쓰 기

一(한일) 부수

하나 일

월	일	요일	이름	확인

유래 알기

二

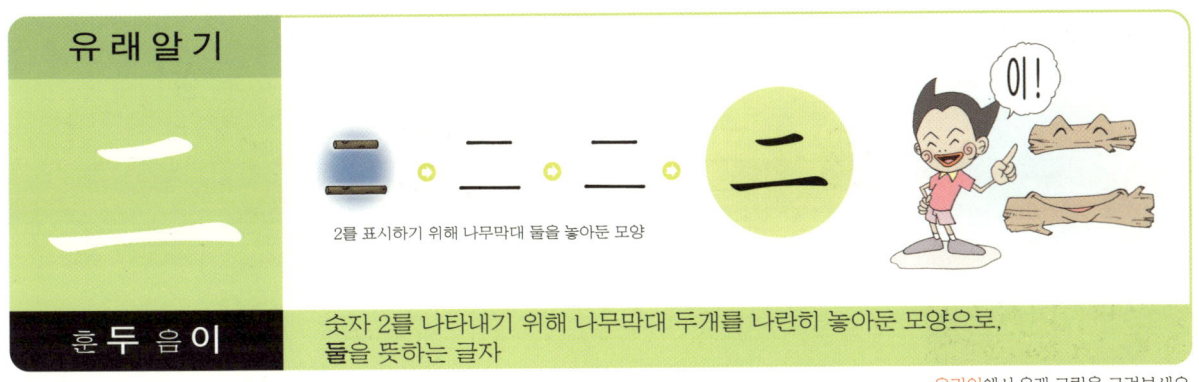

2를 표시하기 위해 나무막대 둘을 놓아둔 모양

이!

훈 두 음 이

숫자 2를 나타내기 위해 나무막대 두개를 나란히 놓아둔 모양으로, **둘**을 뜻하는 글자

온라인에서 유래 그림을 그려보세요

활용단어 채우기

| □ | 십 | 스물, 20 | 二 | 十 |

예 큰 형은 올 해 二十(이십)세 이다.

| □ | 월 | 한 해의 둘째 달 | 二 | 月 |

예 올 二月(이월)은 28일까지 있습니다.

한 자 쓰기

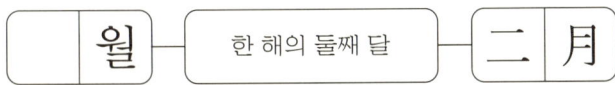

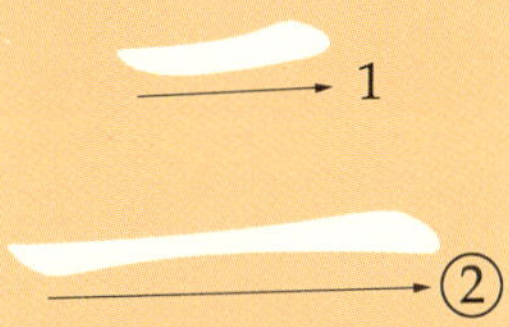

→1
→②

두 이

총 2 획

한 자 쓰기

二

두 이

二(두이) 부수

유래알기

三

3을 표시하기위해 나무 막대 셋을 놓아둔 모양

삼!

훈 석 음 삼

숫자 3를 나타내기 위해 나무막대 셋을 나란히 놓아둔 모양으로, **셋**을 뜻하는 글자

온라인에서 유래 그림을 그려보세요

🐰 활용단어 채우기

	국

고구려, 백제, 신라의 세나라

三 國

예 三國(삼국) 시대를 통일한 나라는 어디일까요?

	오	오

여럿이 무리지어 다니거나 무슨일을 하는 모양

三 三 五 五

예 학생들이 三三五五(삼삼오오) 재잘대며 교문을 나선다

한 자 쓰 기

三

석 삼

총 3 획

한 자 쓰 기

三

석 삼

—(한일) 부수

유래 알기

큰 울타리를 사방으로 나누는 모양

사방으로 나누다.
서 북 남 동

훈 넉   음 사

큰입구(囗) 와 나눌 팔(八)이 합쳐진 글자로, 동네나 나라의 국경같은 큰 울타리를 사방(동,서,남,북) 4군데로 나눈다는 의미로, **넷**이라는 뜻의 글자

온라인에서 유래 그림을 그려보세요

🖌 활용단어 채우기

| | 월 | 한 해의 넷째 달 | 四 | 月 |

 四月(사월)에는 목련꽃이 핀다.

| | 십 | 40, 마흔 | 四 | 十 |

 이 다리는 길이가 四十(사십)미터다.

한 자 쓰 기

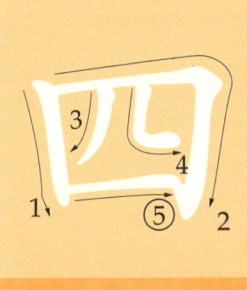

四	四	四	四	四
넉 사				

총 5 획

한 자 쓰 기

四	四	四	四	四
넉 사				

囗(큰입구) 부수

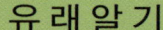
유래 알기

옛날 사람들이 나무 막대로 표시한 다섯의 모양

훈 **다섯** 음 **오**

一,二,三처럼 표시하기에는 다섯이 복잡하여 나무막대를 아래 · 위로 놓고 가위표 (X)로 다섯을 나타낸 것으로, **다섯**을 뜻하는 글자

온라인에서 유래 그림을 그려보세요

🖌 활용단어 채우기

□	장	다섯가지 내장 (간, 염통, 지라, 허파, 콩팥)	五	臟

예 그건 그냥 五臟(오장)을 쥐어짜는 듯한 소리였다.

□	색	여러가지 빛깔	五	色

예 이슬마다 五色(오색)이 영롱한 무지개가 걸려 있었다.

한 자 쓰 기

다섯 오

총 4 획

五	五	五	五	五
다섯 오				

한 자 쓰 기

二(두이) 부수

五	五	五	五	五
다섯 오				

| 월 | 일 | 요일 | 이름 | 확인 |

유래 알기

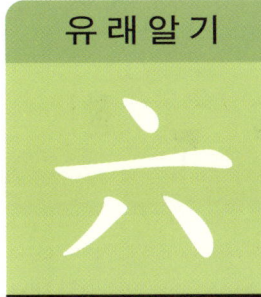

두 손의 손가락을 세개씩 펴고 있는 모양

여섯 육!

훈 **여섯** 음 **륙(육)**   양 손의 손가락을 세개씩 펴서 여섯을 나타내고 있는 모양으로, **여섯**을 뜻하는 글자

※ '륙'은 '육'으로도 읽습니다.

🧹 활용단어 채우기

| 십 | |─ 열여섯, 16 ─| 十 | 六 |

예 나는 우리반에서 十六(십육)번 입니다.

| | 학 | 년 |─ 초등학교에서 최고 높은 학년 ─| 六 | 學 | 年 |

예 나도 내년이면 六學年(육학년) 이다

한 자 쓰 기

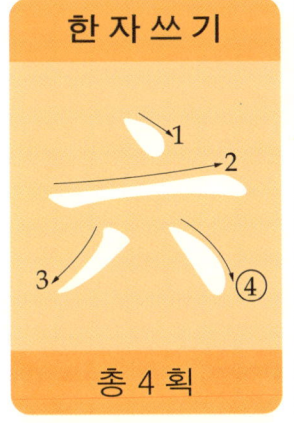

총 4 획

| 六 | 六 | 六 | 六 | 六 |
| 여섯 **륙**(육) | | | | |

한 자 쓰 기

八(여덟팔) 부수

| 六 | 六 | 六 | 六 | 六 |
| 여섯 **륙**(육) | | | | |

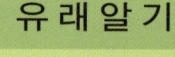
월　일　요일 이름　　　확인

유래 알기

다섯 손가락에 두 손가락을 더한 일곱의 모양

일곱 칠!

훈 일곱 음 칠　다섯 손가락에 두 손가락을 더해 일곱을 나타낸 모양으로, **일곱**을 뜻하는 글자

온라인에서 유래 그림을 그려보세요

 **활용단어 채우기**

| 일 |—| 한 달의 일곱째 날 |—| 七 | 日 |

예 내일은 七日(칠일)이다.

| 석 |—| 음력 칠월 칠일 밤 |—| 七 | 夕 |

예 견우와 직녀가 1년 만에 만나는 날이 七夕(칠석)이다.

한 자 쓰기

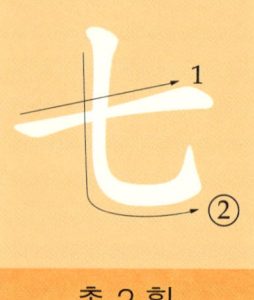

일곱 **칠**

七　七　七　七

총 2 획

한 자 쓰기

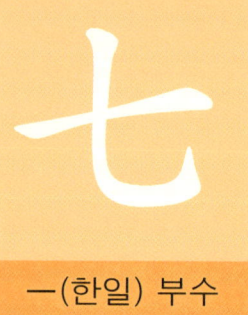

일곱 **칠**

七　七　七　七

一(한일) 부수

월   일   요일 이름   확인

유래 알기

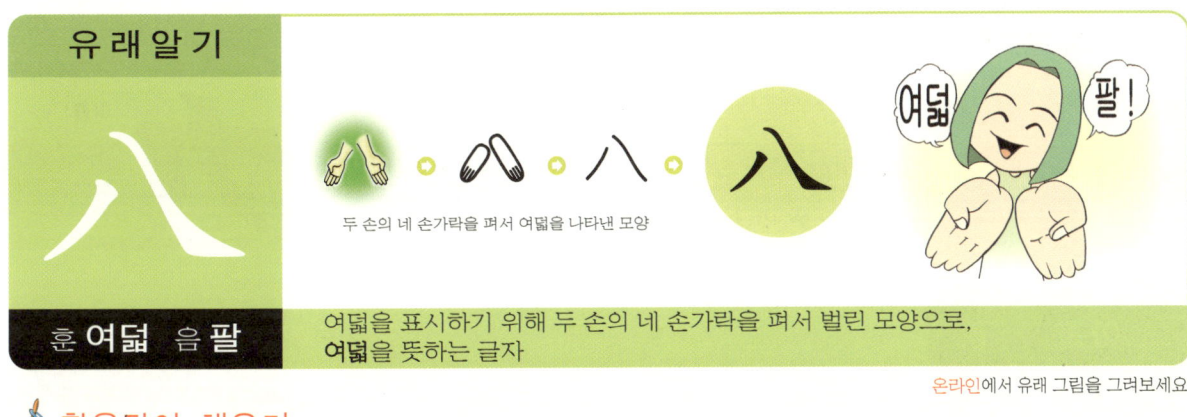

두 손의 네 손가락을 펴서 여덟을 나타낸 모양

여덟 팔!

훈 **여덟** 음 **팔**

여덟을 표시하기 위해 두 손의 네 손가락을 펴서 벌린 모양으로,
여덟을 뜻하는 글자

온라인에서 유래 그림을 그려보세요

활용단어 채우기

| □ | 방 | 미 | 인 | — 여러방면에 재주가 있는 사람 — | 八 | 方 | 美 | 人 |

예 그린이는 체육이건 음악이건 못하는게 없는 八方美人(팔방미인)이다.

| 사 | 방 | □ | 방 | — 모든방면, 여러방면 — | 四 | 方 | 八 | 方 |

예 四方八方(사방팔방)에서 사람들이 모여들었다.

한 자 쓰기

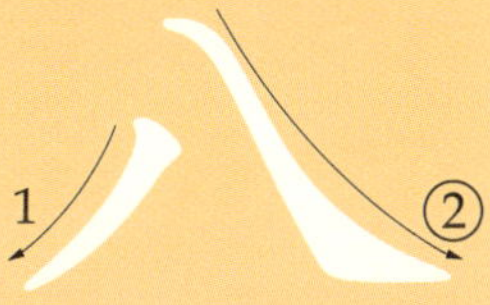

1 ②

총 2 획

八 八 八 八 八

여덟 **팔**

한 자 쓰기

八(여덟팔) 부수

八 八 八 八 八

여덟 **팔**

유래 알기

九

열 십(10)을 구부려 십보다 조금 작게 나타낸 모양

아홉!

훈 아홉 음 구

열 십(十)의 오른쪽 가로획을 밑으로 구부려 열보다 조금 낮은 **아홉**을 뜻하는 글자

온라인에서 유래 그림을 그려보세요

활용단어 채우기

월	산	→ 북한의 황해도에 있는 산 →	九	月	山

예 九月山(구월산)은 우리나라 5대 명산의 하나이다.

사	일	생	→ 위험한 상황에서 거의 죽을 뻔하다가 겨우 살아남 →	九	死	一	生

예 그 군인은 九死一生(구사일생)으로 수용소에서 탈출했다.

한 자 쓰기

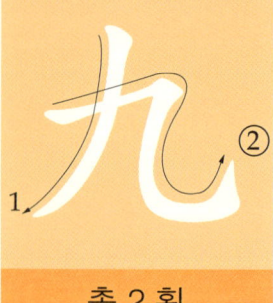

九 아홉 구

총 2 획

한 자 쓰기

九 아홉 구

乙(새을) 부수

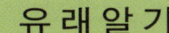

월	일	요일	이름		확인

유래 알기

十

세로 막대에 점을 찍어 10을 나타내는 모양

훈 **열** 음 **십**

가로 막대(一·二·三)는 하나·둘·셋을 나타내고, 세로 막대(l)에 점을 찍어 열 (10)을 나타내던 옛날 십진법의 표시로 **열**을 뜻하는 글자

온라인에서 유래 그림을 그려보세요

활용단어 채우기

| | 장 | 생 | ├─ | 해, 산, 물, 돌, 구름, 소나무, 불로초,
거북, 학, 사슴의 열가지 | ─┤ | 十 | 長 | 生 |

예 죽지 않고 오래사는 열가지를 十長生(십장생)이라 한다.

| | 중 | 팔 | 구 | ├─ | (열 가운데 여덟이나 아홉이 그러하다는
뜻으로) 대부분, 거의 전부 | ─┤ | 十 | 中 | 八 | 九 |

예 그 소문은 十中八九(십중팔구) 맞을 것이다.

한 자 쓰 기

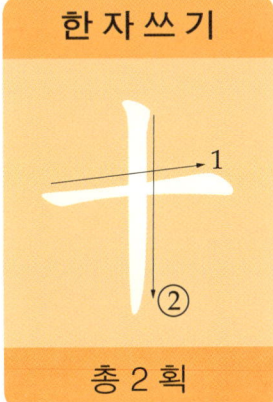

총 2 획

열 **십**

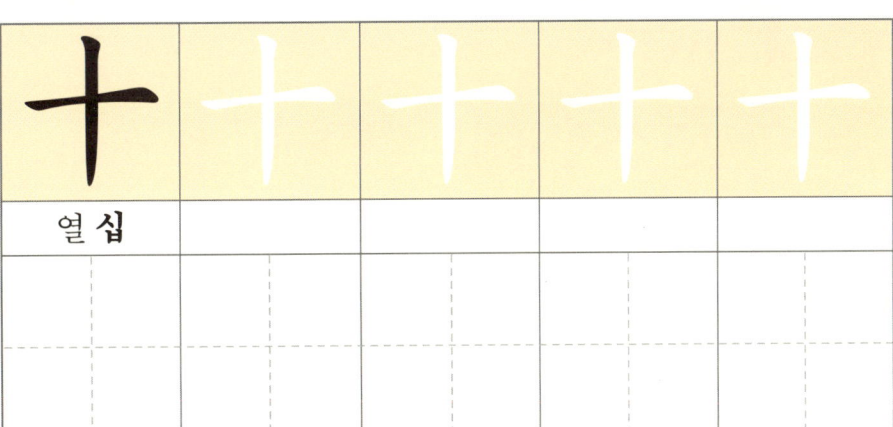

한 자 쓰 기

十

十(열십) 부수

열 **십**

월 일 요일 | 이름 | 확인

다음 訓(훈:뜻)과 音(음:소리)을 가진 漢字(한자)를 <예>에서 찾아 쓰세요. (1~10)

예 ▶ 七 一 五 八 四 九 二 十 六 三

1. 여섯 륙(육) (　　　)　　2. 넉 사 　(　　　)

3. 두 이 　　(　　　)　　4. 여덟 팔 (　　　)

5. 하나 일 　(　　　)　　6. 다섯 오 (　　　)

7. 일곱 칠 　(　　　)　　8. 석 삼 　(　　　)

9. 열 십 　　(　　　)　　10. 아홉 구 (　　　)

다음 밑줄 친 漢字(한자)의 訓(훈:뜻)과 音(음:소리)을 쓰세요. (11~15)

11. 八월 15일은 광복절입니다.

　훈 :　　　　　음 :

12. 三월 1일은 삼일절입니다.

　훈 :　　　　　음 :

13. 六월 六일은 현충일입니다.

　훈 :　　　　　음 :

14. 철수는 초등학교 二학년입니다.

　훈 :　　　　　음 :

15. 이번 달 九일은 동생 생일입니다.

　훈 :　　　　　음 :

◆ 해답은 44페이지에 있습니다.

◆ 45페이지의 답안지에 답을 적어주세요.

 다음 글을 읽고 밑줄 친 漢字(한자)나 漢字語(한자어)의 讀音(독음)을 쓰세요. (1~10)

〈예〉   木 ➡ 목

● (1)三 (2)月 (3)五 (4)日은 새 학기가 시작되는 날입니다.

● 민수는 (5)金 (6)山 초등학교(7)六학년 (8)一반입니다.

● 동생 한수는(9)二학년 (10)四반입니다.

(1) 三   (2) 月

(3) 五   (4) 日

(5) 金   (6) 山

(7) 六   (8) 一

(9) 二   (10) 四

2 다음 漢字(한자)의 訓(훈:뜻)과 音(음:소리)을 쓰세요.
(11~14)

> <예>   中 ➡ 가운데 중

(11) 水

(12) 六

(13) 火

(14) 八

3 다음에 알맞은 漢字(한자)를 <예>에서 골라 써 보세요.
(15~18)

> <예>   四   土   七   小

(15) 작을 소

(16) 흙 토

(17) 일곱 칠

(18) 넉 사

다음 밑줄 친 낱말 뜻에 알맞은 漢字(한자)를 <예>에서 찾아 써 보세요. (19~21)

> <예>　　　土　五　木　十

철수는 식목일에 아버지와 오전 (19)열 시에 산에 올라 (20)다섯 그루의 나무를 심고 (21)흙으로 잘 덮어 주었습니다.

(19) 열　　　　　　(20) 다섯　　　　　　(21) 흙

 아래 글의 ㉠과 ㉡의 밑줄 친 낱말에 공통으로 쓰이는 漢字(한자)를 <예>에서 골라 써 보세요. (22~23)

> <예>　　　七　五　三

(22) ㉠ 일주일은 칠 일입니다.
　　 ㉡ 칠월 십 칠일은 제헌절입니다.

(23) ㉠ 삼촌은 축구선수입니다.
　　 ㉡ 삼월 일일은 삼일절입니다.

 다음 글자들은 무슨 뜻이며 어떤 소리(음)로 읽을까요.
<예>에서 골라 보세요. (24~30)

<예>
화   아홉   구   가운데
중   팔   다섯   불

(24) 九는 (   )라고 읽습니다.

(25) 九는 (   )이라는 뜻입니다.

(26) 八은 (   )이라고 읽습니다.

(27) 火는 (   )라고 읽습니다.

(28) 火는 (   )을 가리킵니다.

(29) 中은 (   )이라고 읽습니다.

(30) 中은 (   )라는 뜻입니다.

제2회 확인학습 해답   1. 六   2. 四   3. 二   4. 八   5. 一   6. 五   7. 七   8. 三   9. 十   10. 九   11. 여덟 팔   12. 석 삼   13. 여섯 륙(육)   14. 두 이   15. 아홉 구

절 취 선

8급

월　일　이름　　　확인

제 2 회 기출/예상 문제 답안지

번호	정 답	채점	번호	정 답	채점
1			16		
2			17		
3			18		
4			19		
5			20		
6			21		
7			22		
8			23		
9			24		
10			25		
11			26		
12			27		
13			28		
14			29		
15			30		

담당교사		점　수	

마무리 학습

월 일 | 이름 | 확인

절취선

1 틀린 문제 복습하기

2 받아쓰기

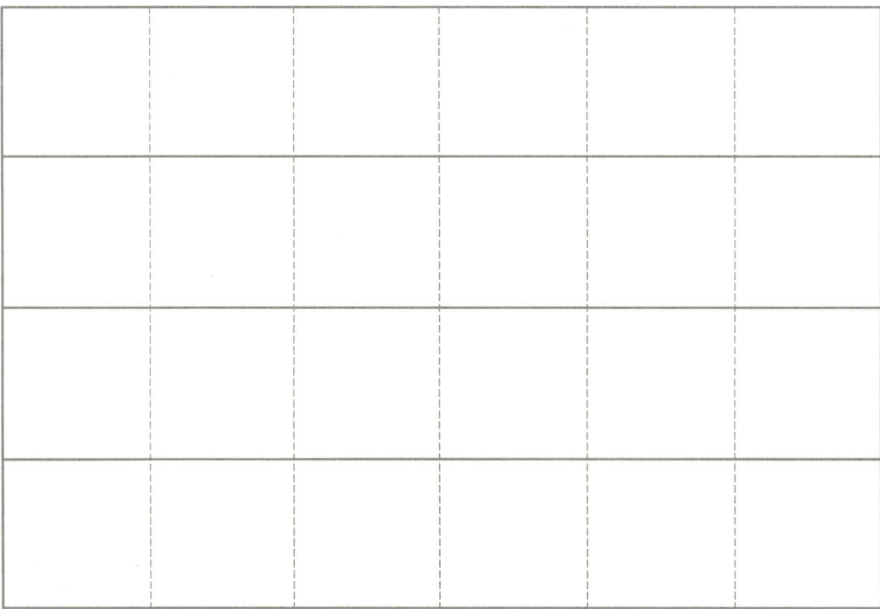

東
동녘 동

父
아비 부

西
서녘 서

母
어미 모

南
남녘 남

兄
맏 형

北
북녘 북

弟
아우 제

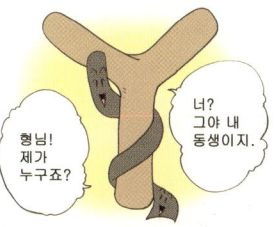

外
바깥 외

寸
마디 촌

8급 바로따기

유래 알기

東

훈 **동녘** 음 **동**

아침에 태양이 나무 중간까지 떠오른 모양

아침에 태양이 나무 중간까지 떠 오른 모양으로,
해가 뜨는 쪽이 **동쪽**이라는 뜻의 글자

온라인에서 유래 그림을 그려보세요

활용단어 채우기

	대	문

옛날 '흥인지문'이라 부르던
서울의 동쪽 문

東	大	門

예 우리나라 보물 제1호는 東大門(동대문)이다.

중	

지중해 연안의 서남 아시아 및 이집트
를 포함한 지역

中	東

예 中東(중동) 지역의 나라이름을 말해 보세요.

한 자 쓰 기

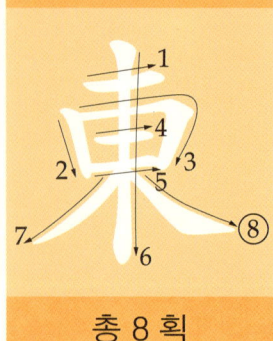

총 8 획

東
동녘 **동**

한 자 쓰 기

木(나무목) 부수

東
동녘 **동**

유래알기

해가 지는 저녁에 새가 둥지로 돌아와서 쉬는 모양

이제 좀 쉬어볼까...

훈 서녘 음 서

해가 지는 저녁에 새가 둥지로 돌아와서 쉬는 모양으로,
해가 지는 쪽이 **서쪽**이라는 뜻의 글자

온라인에서 유래 그림을 그려보세요

활용단어 채우기

| | 산 | 서쪽에 있는 산, 해지는 쪽의 산 | 西 山 |

예 해가 西山(서산)으로 뉘엿뉘엿 지고 있다

| 동 | | 동쪽과 서쪽 | 東 西 |

예 통일전 독일은 東西(동서)로 나뉘어져 있었다.

한 자 쓰 기

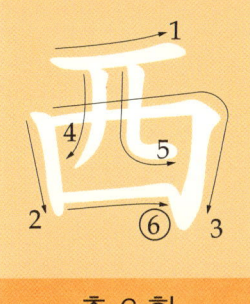

西 西 西 西

서녘 서

총 6 획

한 자 쓰 기

西 西 西 西

서녘 서

襾(덮을아) 부수

| 월 | 일 | 요일 | 이름 | 확인 |

유래 알기

南

따뜻한 남쪽을 보는 집안에서 화초가 잘 자라는 모양

훈 **남녘** 음 **남**

따뜻한 집 안에서 화초가 잘 자라는 모양으로,
따뜻한 곳은 **남녘(남쪽)**이라는 뜻의 글자

온라인에서 유래 그림을 그려보세요

 활용단어 채우기

| 국 | 남쪽에 위치한 나라 | 南 國 |

예 따뜻한 南國(남국)이 그립다.

| 풍 | 남쪽에서 부는 바람 | 南 風 |

예 우리나라는 여름에 南風(남풍)이 분다.

한 자 쓰 기

남녘 **남**

총 9 획

| 南 | 南 | 南 | 南 |

한 자 쓰 기

남녘 **남**

十(열십) 부수

| 南 | 南 | 南 | 南 |

유래 알기

北

 → 北 → 北 → 北

두 사람이 싸워, 서로 등을 돌리고 서있는 모양

훈 **북녘** 음 **북**

두 사람이 싸워, 서로 등을 돌리고 서 있는 모양으로, 원래 사람은 얼굴을 따뜻한 남쪽에 두고 등을 북쪽에 두는데, 싸워서 등을 돌리면 북쪽을 바라보게 된다는 의미로 **북녘(북쪽)**을 뜻하는 글자

온라인에서 유래 그림을 그려보세요

🖌 활용단어 채우기

| | 상 | — | 북쪽으로 올라감 | — | 北 | 上 |

예 태풍이 北上(북상)하고 있다.

| | 문 | — | 북쪽으로 낸 문 | — | 北 | 門 |

예 왜적은 성의 北門(북문)을 허물지 못했다.

한 자 쓰 기

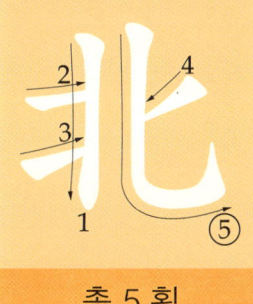

북녘 **북**

총 5 획

한 자 쓰 기

북녘 **북**

匕(비수비) 부수

유래알기

外

外+ → 外 → 外

저녁 석(夕) 과 점 치다(卜)를 합친 모양

재는 왜 저녁에 점을 보러가지? 이상한 아이야..

거북점

훈 바깥 음 외

저녁(夕)과 점 치다(卜)를 합친 모양입니다. 옛날 사람들은 점을 아침에 쳐 보는데, 저녁에 점을 치는 것은 올바르지 않아「벗어나다」**바깥**이라는 뜻의 글자

온라인에서 유래 그림을 그려보세요

활용단어 채우기

| | 국 | 인 | → 다른 나라의 사람 | 外 | 國 | 人 |

예 많은 外國人(외국인) 관광객이 입국하였다

| 교 | | → 학교의 밖 | 校 | 外 |

예 그는 校外(교외) 활동이 활발하다

한 자 쓰기

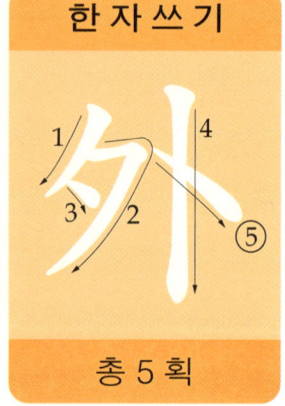

1 2 3 4 ⑤

총 5 획

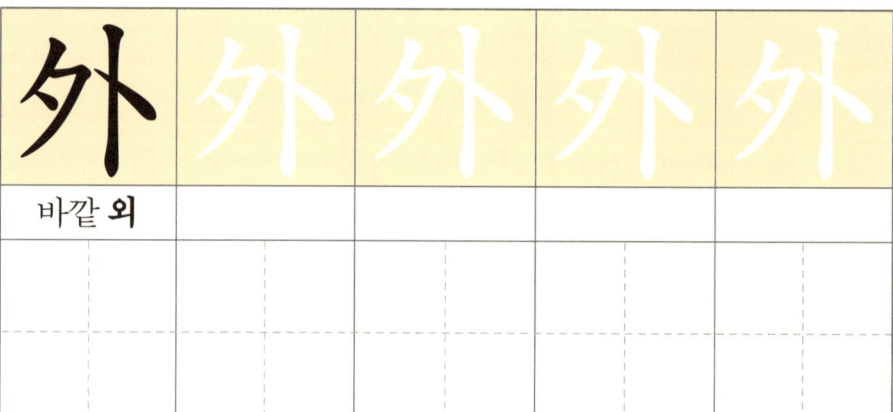

外 外 外 外 外

바깥 외

한 자 쓰기

外

夕(저녁석) 부수

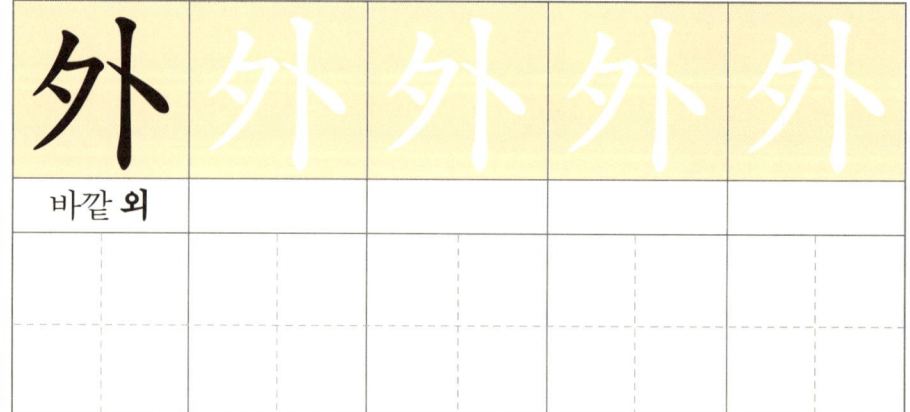

外 外 外 外 外

바깥 외

유래 알기

父

아버지가 자식을 회초리로 다스리는 모습

| 훈 **아비** 음 **부** | 자식을 올바로 키우기 위해 회초리를 높이 들고있는 아버지의 모습으로, **아비**라는 뜻의 글자 |

온라인에서 유래 그림을 그려보세요

🖌 활용단어 채우기

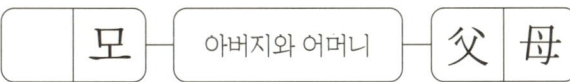

| | 모 | 아버지와 어머니 | 父 | 母 |

예 父母(부모)님 은혜는 바다보다 깊다.

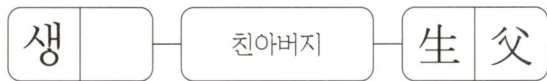

| 생 | | 친아버지 | 生 | 父 |

예 그는 10년만에 生父(생부)를 찾았다.

한 자 쓰기

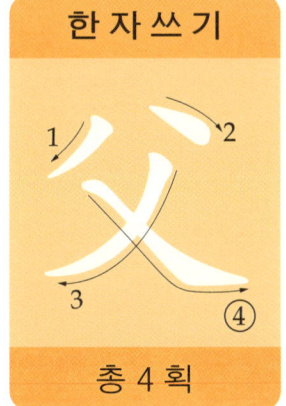

1 2
3 ④

총 4 획

| 父 | 父 | 父 | 父 | 父 |
| 아비 **부** | | | | |

한 자 쓰기

父(아비부) 부수

| 父 | 父 | 父 | 父 | 父 |
| 아비 **부** | | | | |

유래 알기

母

아이에게 젖을 주는 어머니의 모양

많이 먹고 건강하게 자라거라.

훈 **어미** 음 **모**

어머니가 아기에게 젖을 먹이는 모양으로, **어미**라는 뜻의 글자

온라인에서 유래 그림을 그려보세요

활용단어 채우기

[ ] 녀 — 어머니와 딸 — 母 女

예 母女(모녀)가 다정하게 얘기중이다.

학 부 [ ] — 학생의 부모 — 學 父 母

예 오늘은 學父母(학부모)모임이 있는 날이다.

한 자 쓰 기

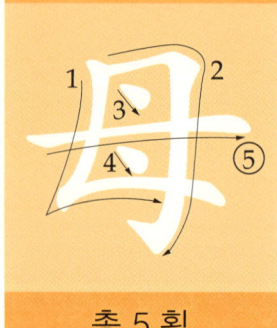

母 | 母 | 母 | 母

어미 모

총 5 획

한 자 쓰 기

母 | 母 | 母 | 母

어미 모

母(말무) 부수

유래 알기

兄

 → 은 → 兄 → 兄

입을 크게 벌려 제사를 지내는 맏형을 나타낸 모양

형님이 제문을 읽으셔야죠.

훈 맏 음 형

조상의 제사를 드릴 때, 앞에서 입을 크게 벌려 제문을 읽는 사람이 맏형이라는 의미로, **맏**이라는 뜻의 글자

온라인에서 유래 그림을 그려보세요

활용단어 채우기

| | 제 | 형과 동생 | 兄 | 弟 |

예 만화영화 독수리 5兄弟(형제)는 재미있다.

| | 부 | 언니의 남편 | 兄 | 夫 |

예 우리 이모는 아빠를 兄夫(형부)라 부른다.

한 자 쓰 기

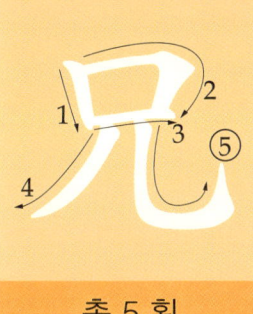

총 5 획

兄	兄	兄	兄	兄
맏 **형**				

한 자 쓰 기

儿(어진사람인) 부수

兄	兄	兄	兄	兄
맏 **형**				

월	일	요일	이름		확인

유래알기

弟

훈 **아우** 음 **제**

 나뭇가지에 가죽끈을 차례차례 감아 아래로 내린 모양

형님! 제가 누구죠?
너? 그야 내 동생이지.

나뭇가지에 가죽끈을 차례대로 묶어 아래로 내린 모양으로, 형제 중 아래쪽이 **아우**(동생)이라는 뜻의 글자

온라인에서 유래 그림을 그려보세요

🖌 활용단어 채우기

| □ | 자 | —| 스승에게 가르침을 받는 사람 |—| 弟 | 子 |

예 그는 공자의 弟子(제자)였다.

| 자 | □ | —| 남을 높이어 그의 아들을 일컫는 말 |—| 子 | 弟 |

예 子弟(자제)분이 몇 살입니까?

한 자 쓰기

弟
아우 제

총 7 획

弟	弟	弟	弟

한 자 쓰기

弟
아우 제

弓(활궁) 부수

弟	弟	弟	弟

유래알기

寸

손목에서 맥박이 뛰는 곳까지의 길이가 한 치
(약 3cm)라는 표시

한치란 약 3센티를 말합니다..

훈 마디 음 촌

1. 손목에서 맥박이 뛰는 곳까지의 길이가 한 치(약 3cm)라는 의미로 **조금 · 마디** 라는 뜻의 글자   2. 맥박처럼 **일정한 규칙 · 법도**를 나타낸다

온라인에서 유래 그림을 그려보세요

🖌 활용단어 채우기

| 삼 | | 아버지의 손아래 남자 형제 | 三 | 寸 |

예 三寸(삼촌)은 우리학교 선생님이다.

| 사 | | 아버지의 형제의 아들이나 딸 | 四 | 寸 |

예 四寸(사촌) 동생은 야구선수다.

한 자 쓰기

寸 寸 寸 寸

마디 **촌**

총 3 획

한 자 쓰기

寸 寸 寸 寸

마디 **촌**

寸(마디촌) 부수

다음 訓(훈:뜻)과 音(음:소리)을 가진 漢字(한자)를 〈예〉에서 찾아 쓰세요. (1~10)

예 ▶ 父 兄 北 外 西 東 南 弟 母 寸

1. 동녘 동 (   )   2. 아우 제 (   )

3. 서녘 서 (   )   4. 아비 부 (   )

5. 맏 형 (   )   6. 북녘 북 (   )

7. 마디 촌 (   )   8. 어미 모 (   )

9. 바깥 외 (   )   10. 남녘 남 (   )

다음 밑줄 친 漢字(한자)의 訓(훈:뜻)과 音(음:소리)을 쓰세요. (11~15)

11. 우리 나라 보물 제 1호는 東대문입니다.

훈 :   음 :

12. 태풍이 北상하고 있습니다.

훈 :   음 :

13. 父모님의 은혜는 바다보다 깊습니다.

훈 :   음 :

14. 준호 兄은 중학교 축구선수입니다.

훈 :   음 :

15. 영희 삼寸은 유명한 화가입니다.

훈 :   음 :

◆ 해답은 62페이지에 있습니다.

◆ 63페이지의 답안지에 답을 적어주세요.

 다음 글을 읽고 밑줄 친 漢字(한자)나 漢字語(한자어)의 讀音(독음)을 쓰세요. (1~8)

> <예>　　　　　　　日 ➡ 일

- (1)六 (2)月에는 현충일이 있고(3)八 월에는 광복절이 있습니다. 이 날은 모두 태극기를 다는 날입니다.

- 지난 여름방학 때는 (4)父 (5)母님과 함께 시골에 있는 (6)外 (7)三 (8)寸 댁을 찾았습니다.

(1) 六　　　　　　　(2) 月

(3) 八　　　　　　　(4) 父

(5) 母　　　　　　　(6) 外

(7) 三　　　　　　　(8) 寸

2 다음 漢字(한자)의 訓(훈:뜻)과 音(음:소리)을 쓰세요.
(9~18)

> <예> 中 ➡ 가운데 중

(9) 月   (10) 母

(11) 四   (12) 北

(13) 七   (14) 土

(15) 東   (16) 外

(17) 火   (18) 弟

3 다음에 알맞은 漢字(한자)를 <예>에서 골라 써 보세요.
(19~28)

> <예> 木 二 父 西 兄 水 金 九 南 寸

(19) 맏 형   (20) 쇠 금

(21) 두 이   (22) 아홉 구

(23) 서녘 서   (24) 나무 목

(25) 아비 부   (26) 마디 촌

(27) 남녘 남   (28) 물 수

4 다음 밑줄 친 낱말 뜻에 알맞은 漢字(한자)를 〈예〉에서 찾아 써 보세요. (29~31)

〈예〉   兄   小   弟   五

(29)형과 (30)동생(아우)은 시골 (31)작은 집에서 행복하게 살았습니다.

(29) 형   (30) 동생(아우)   (31) 작은

5 아래 글의 ㉠과 ㉡의 밑줄 친 낱말에 공통으로 쓰이는 漢字(한자)를 〈예〉에서 골라 써 보세요. (32~33)

〈예〉   南   七   中

(32) ㉠ 중부지방에 많은 비가 내렸습니다.
    ㉡ 사촌형은 중학생입니다.

(33) ㉠ 남북이 하나되어 응원을 하였습니다.
    ㉡ 많은 외국인들이 남대문 시장을 찾습니다.

 다음 글자들은 무슨 뜻이며 어떤 소리(음)로 읽을까요.
〈예〉에서 골라 보세요. (34~40)

〈예〉   동쪽   외   동   어머니
        모   동생(아우)   일   제

(34) 母는 (　　　　)라고 읽습니다.

(35) 母는 (　　　　)라는 뜻입니다.

(36) 一은 (　　　　)이라고 읽습니다.

(37) 弟는 (　　　　)라고 읽습니다.

(38) 弟는 (　　　　)이라는 뜻입니다.

(39) 東은 (　　　　)이라고 읽습니다.

(40) 東은 (　　　　)이라는 뜻입니다.

제3회 확인학습 해답 1. 東 2. 弟 3. 西 4. 父 5. 兄 6. 北 7. 寸 8. 母 9. 外 10. 南
11. 동녘 동 12. 북녘 북 13. 아비 부 14. 맏 형 15. 마디 촌

8급

| 월 일 | 이름 | 확인 |

제 3 회 기출 / 예상 문제 답안지

번호	정 답	채점	번호	정 답	채점
1			21		
2			22		
3			23		
4			24		
5			25		
6			26		
7			27		
8			28		
9			29		
10			30		
11			31		
12			32		
13			33		
14			34		
15			35		
16			36		
17			37		
18			38		
19			39		
20			40		

| 담당교사 | | 점 수 | |

■ 틀린 문제 복습하기

■ 받아쓰기

女
계집 녀

先
먼저 선

人
사람 인

生
날 생

長
긴 장

靑
푸를 청

年
해 년

白
흰 백

門
문 문

軍
군사 군

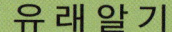
유래 알기

다소곳이 앉아 있는 여자의 모습

훈 계집 음 녀

세운 무릎 위에 두 손을 가지런히 올리고 얌전히 앉아있는 여인의 모습으로, **계집(여자)**이라는 뜻의 글자

※ '녀'는 단어의 앞쪽에 오면 '여'로 읽습니다.

🖌️ 활용단어 채우기

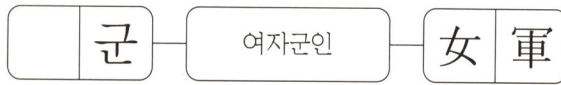

☐ 군 ── 여자군인 ── 女 軍

예 우리 이모는 女軍(여군)이다.

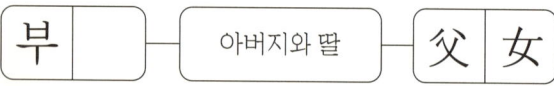

부 ☐ ── 아버지와 딸 ── 父 女

예 그 집 父女(부녀)는 오래 떨어져 살았다.

한 자 쓰 기

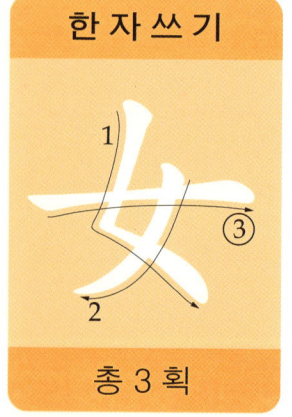

총 3 획

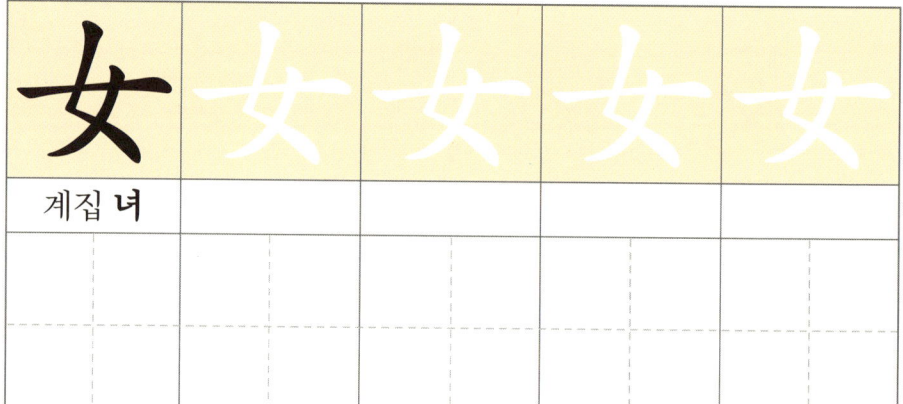

계집 녀

한 자 쓰 기

女(계집녀) 부수

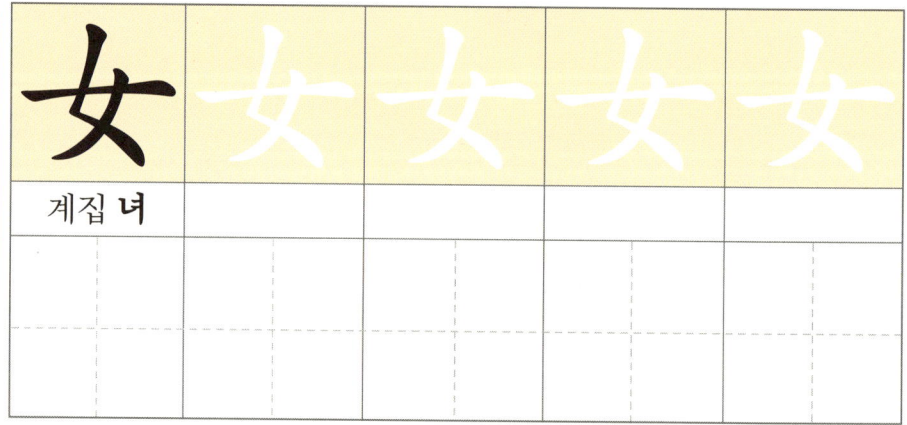

계집 녀

유래 알기

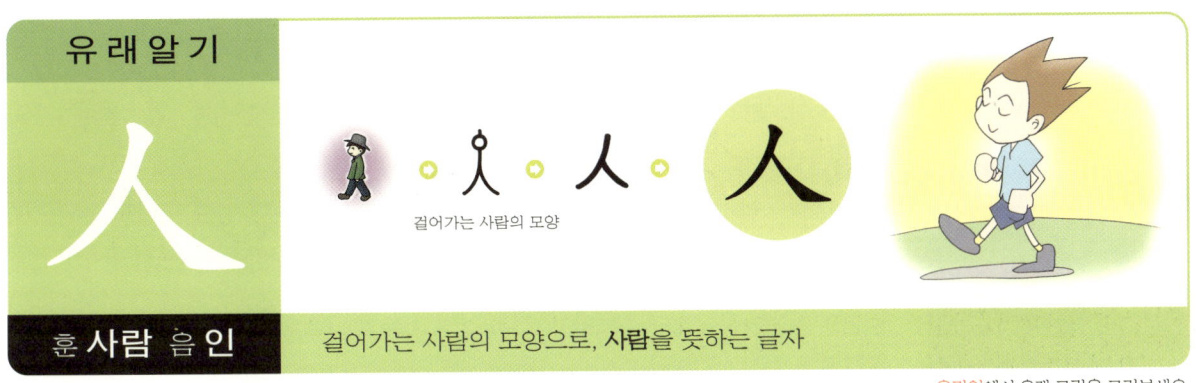

걸어가는 사람의 모양

훈 **사람** 음 **인**

걸어가는 사람의 모양으로, **사람**을 뜻하는 글자

온라인에서 유래 그림을 그려보세요

🖌 활용단어 채우기

| | 생 |—| 사람이 살아가는일 |—| 人 | 生 |

예 人生(인생)은 짧고 예술은 길다.

| 하 | |—| 사내 종 |—| 下 | 人 |

예 옛날 양반들은 많은 下人(하인)들을 거느리고 살았다.

한 자 쓰기

사람 **인**

총 2 획

한 자 쓰기

사람 **인**

人(사람인) 부수

유래알기

長

머리가 긴 노인이 지팡이를 짚고가는 모양

훈 긴 **음** 장

수염과 머리카락이 긴 노인이 지팡이를 짚고 가는 모양으로
길다라는 뜻의 글자

* 다른 뜻: 어른 장

 **활용단어 채우기**

| | 녀 | — 맏 딸 — | 長 女 |

예 그 여자아이는 그 집 딸들중에 長女(장녀)이다.

| 교 | | — 학교를 대표하는 지도자이자 책임자 — | 校 | 長 |

예 오늘 아침 학교에서 校長(교장)선생님의 훈시가 있었다.

한자쓰기

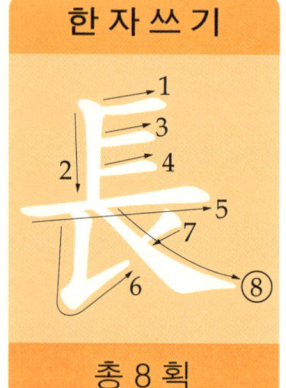

긴 장

총 8 획

한자쓰기

긴 장

長(긴장) 부수

유래알기

年

 年 年 年

농부가 벼를 베어 머리에 이고 가는 모양

1년에 두번 수확 할수 있다면 얼마나 좋을까...

훈 해 음 년

농부가 벼를 베어 머리에 이고 가는 모양으로, 벼는 한번 수확하는데 1년이 걸린다는 의미에서 **한 해**를 뜻하는 글자

※ '년'은 단어의 앞쪽에 오면 '연'으로 읽습니다.

🌱 활용단어 채우기

| | 금 | 국가나 단체가 개인에게 정기적으로 지급하는 돈 | 年 | 金 |

예 아버지는 회사를 그만두고 年金(연금)을 받고 계신다.

| 중 | | 마흔살 안팎이 나이 | 中 | 年 |

예 우리 선생님은 中年(중년)이시다.

한 자 쓰 기

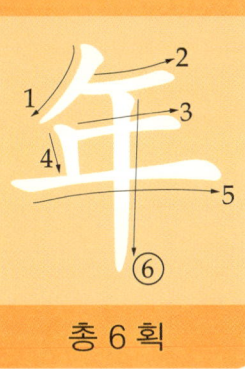

총 6 획

年 年 年 年 年

해 **년**

한 자 쓰 기

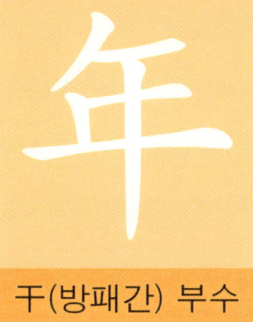

干(방패간) 부수

年 年 年 年 年

해 **년**

유래알기

門

두 개의 문짝이 달려 있는 문의 모양

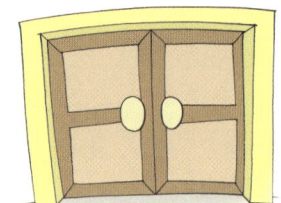

훈 문 음 문

들어가고 나갈 수 있게 두 개의 문짝이 달려 있는 문의 모양으로, 문을 뜻하는 글자

온라인에서 유래 그림을 그려보세요

🖌 활용단어 채우기

| 대 | | ── | 큰 문, 집의 정문 | ── | 大 | 門 |

예 우리집 大門(대문)은 나무로 되어 있다.

| 입 | | ── | 어떤 것을 배우는 길에 들어가는 것 | ── | 入 | 門 |

예 이 책은 컴퓨터를 처음 배우는 入門(입문)용으로 최고다.

한 자 쓰 기

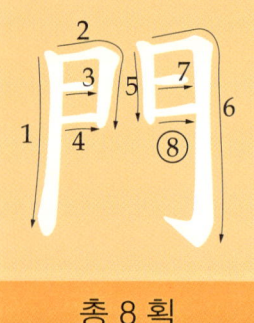

문 문

총 8 획

한 자 쓰 기

門

문 문

門(문문) 부수

70

유래 알기

先

남보다 앞서 걸어가는 발을 나타낸 모양

先 → 𡴋 → 先 → 先

훈 **먼저** 음 **선**

사람이 걸어가는 모습과 발을 나타내는 모양으로, 남보다 앞서 나아가는 것을 말해 **우선·먼저**라는 뜻의 글자

온라인에서 유래 그림을 그려보세요

🖌 활용단어 채우기

 생 ─ 가르치는 사람 ─ 先 | 生

예 우리 先生(선생)님은 훌륭하신 분이다.

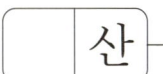 산 ─ 조상의 무덤 ─ 先 | 山

예 우리집 先山(선산)은 강원도에 있다.

한자 쓰기

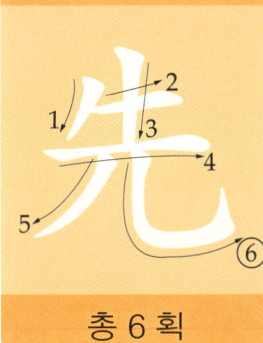

먼저 선

先　先　先　先

총 6 획

한자 쓰기

先

먼저 선

先　先　先　先

儿(어진사람인) 부수

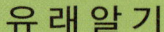

| 월 | 일 | 요일 | 이름 | 확인 |

유래알기

生

훈 날 **음** 생

땅에서 풀과 나무들의 싹이 생겨 나오는 모양

아무것도 없던 땅위로 풀과 나무들의 싹이 생겨 나오는 것을 나타내, **나다** 라는 뜻의 글자

온라인에서 유래 그림을 그려보세요

🖌 활용단어 채우기

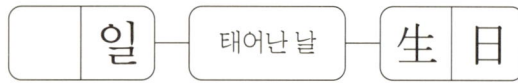

| □ | 일 | — | 태어난 날 | — | 生 | 日 |

예 오늘은 내 生日(생일)이다.

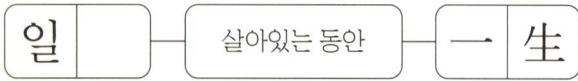

| 일 | □ | — | 살아있는 동안 | — | 一 | 生 |

예 一生(일생)에 세 번은 좋은 일이 있다.

한 자 쓰기

生
날 생

총 5 획

生	生	生	生	生
날 생				

한 자 쓰기

生
날 생

生(날생) 부수

生	生	生	生	生
날 생				

유래알기

靑

 ○ 靑 ○ 靑 ○ 靑

화단에 푸른 식물과 그 싹이 자라는 모양

훈 푸를 **음** 청

화단에 푸른 식물과 그 싹이 자라는 모양에서 **푸르다**라는 뜻의 글자

※ '靑'은 '青'으로도 사용합니다.

🖌 활용단어 채우기

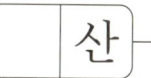 산 ─ 나무가 풍성하여 푸른 산 ─ 靑 山

예 靑山(청산)에서 살고 싶다.

 년 ─ 젊은 사람 ─ 靑 年

예 철수 큰 형님은 스무살의 靑年(청년)이다.

한 자 쓰기

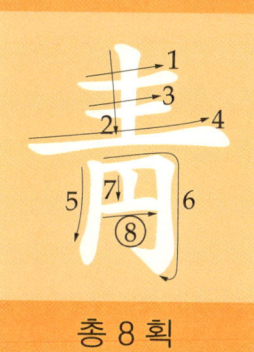

靑 푸를 **청**

총 8 획

靑 靑 靑 靑

한 자 쓰기

青

青 푸를 **청**

靑(푸를청) 부수

青 青 青 青

유래 알기

白

밝게 비추는 햇빛이 눈부시게 희다는 뜻을 나타낸 모양

햇님은 너무 눈 부셔요.

훈 **흰** 음 **백**

온 세상을 밝게 비추는 햇빛이 눈부시게 **희다**는 뜻에서 나온 글자

온라인에서 유래 그림을 그려보세요

활용단어 채우기

| | 인 |── 태어날 때 부터 살이 하얀 사람 ──| 白 | 人 |

예 미국에는 白人(백인)외에 여러 인종들이 살고 있다.

| 장 | | 산 |── 백두산의 다른 이름 ──| 長 | 白 | 山 |

예 백두산을 중국사람들은 長白山(장백산)이라 부른다.

한 자 쓰기

白

흰 **백**

총 5 획

한 자 쓰기

白

흰 **백**

白(흰백) 부수

유래 알기

전쟁에서 군사들이 전차 주위에 있는 모양

훈 군사 음 군

전쟁에서 수레(전차)를 앞세우고 공격하는 군사들의 모양으로, 군사라는 뜻의 글자

온라인에서 유래 그림을 그려보세요

 활용단어 채우기

| | 인 | → 군대에서 나라를 지키는 사람 → | 軍 | 人 |

예 우리나라 軍人(군인)은 매우 용감하다.

| 국 | | → 우리나라의 군대 → | 國 | 軍 |

예 10월 1일은 國軍(국군)의 날이다.

한 자 쓰 기

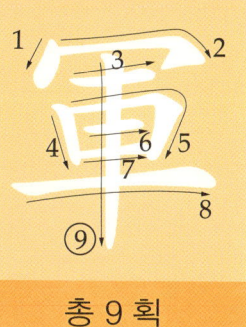

군사 군

총 9 획

軍	軍	軍	軍	軍
군사 군				

한 자 쓰 기

車(수레거) 부수

軍	軍	軍	軍	軍
군사 군				

75

월   일   요일 | 이름 | 확인

 다음 訓(훈:뜻)과 音(음:소리)을 가진 漢字(한자)를 <예>에서 찾아 쓰세요. (1~10)

예 ▶ 女 生 人 靑 長 白 年 軍 門 先

1. 사람 인 (   )   2. 먼저 선 (   )

3. 긴 장   (   )   4. 날 생   (   )

5. 해 년   (   )   6. 푸를 청 (   )

7. 군사 군 (   )   8. 흰 백   (   )

9. 계집 녀 (   )   10. 문 문 (   )

 다음 밑줄 친 漢字(한자)의 訓(훈:뜻)과 音(음:소리)을 쓰세요. (11~15)

11. 우리 반에는 女학생이 더 많습니다.

훈 :   음 :

12. 영희는 그 집안의 長녀입니다.

훈 :   음 :

13. 우리 나라 국보 1호는 남대門입니다.

훈 :   음 :

14. 우리 先생님은 훌륭하신 분입니다.

훈 :   음 :

15. 국軍의 날은 10월 1일입니다.

훈 :   음 :

◆ 해답은 80페이지에 있습니다.

◆ 81페이지의 답안지에 답을 적어주세요.

 1 다음 글을 읽고 밑줄 친 漢字(한자)나 漢字語(한자어)의 讀音(독음)을 쓰세요. (1~8)

〈예〉   三 ➡ 삼

● 지난 주 (1)木 요일은 가을 운동회였습니다.

● 일 학 (2)年부터 (3)六학년까지의 모든 학생들과 (4)先 (5)生 님들이 (6)靑 (7)軍 과 (8)白 군으로 나뉘어 열심히 자기편을 응원하였습니다.

(1) 木   (2) 年

(3) 六   (4) 先

(5) 生   (6) 靑

(7) 軍   (8) 白

 다음 漢字(한자)의 訓(훈:뜻)과 音(음:소리)을 쓰세요.
(9~18)

> <예> 中 ➡ 가운데 중

(9) 女   (10) 長

(11) 五   (12) 生

(13) 門   (14) 兄

(15) 寸   (16) 東

(17) 火   (18) 八

 다음에 알맞은 漢字(한자)를 <예>에서 골라 써 보세요.
(19~27)

> <예> 中 弟 金 南 西 先 年 人 七

(19) 사람 인   (20) 해 년

(21) 먼저 선   (22) 남녘 남

(23) 아우 제   (24) 서녘 서

(25) 쇠 금   (26) 가운데 중

(27) 일곱 칠

다음 밑줄 친 낱말 뜻에 알맞은 漢字(한자)를 <예>에서 찾아 써 보세요. (28~31)

<예>　　　人　　父　　七　　母　　外

수민이는 지난 일요일에 (28)아버지 (29)어머니와 함께 야구장에 갔습니다. 그런데 문(30)밖에서 안으로 들어가기 위해 차례를 기다리는 (31)사람 들이 많았습니다.

(28) 아버지　　　　　　　(29) 어머니

(30) 밖　　　　　　　　　(31) 사람

 아래 글의 ㉠과 ㉡의 밑줄 친 낱말에 공통으로 쓰이는 漢字(한자)를 <예>에서 골라 써 보세요. (32~33)

<예>　　　　　東　　北　　女

(32)　㉠ 우리 이모는 여군입니다.
　　　㉡ 이 곳은 선녀들이 살았다고 합니다.

(33)　㉠ 해가 뜨는 쪽이 동쪽입니다.
　　　㉡ 동대문의 원래 이름은 흥인지문입니다.

다음 글자들은 무슨 뜻이며 어떤 소리(음)로 읽을까요.
<예>에서 골라 보세요. (34~40)

| <예> | 희다 청 화 푸르다
군사 백 군 소 |

(34) 靑은 ( )이라고 읽습니다.

(35) 靑은 ( )라는 뜻입니다.

(36) 小는 ( )라고 읽습니다.

(37) 軍은 ( )이라고 읽습니다.

(38) 軍은 ( )라는 뜻입니다.

(39) 白은 ( )이라고 읽습니다.

(40) 白은 ( )라는 뜻입니다.

제4회 확인학습 해답 1. 人 2. 先 3. 長 4. 生 5. 年 6. 靑 7. 軍 8. 白 9. 女 10. 門
11. 계집 녀(여) 12. 긴 장 13. 문 문 14. 먼저 선 15. 군사 군

월   일 이름   확인

제 4 회 기출 / 예상 문제 답안지

번호	정 답	채점	번호	정 답	채점
1			21		
2			22		
3			23		
4			24		
5			25		
6			26		
7			27		
8			28		
9			29		
10			30		
11			31		
12			32		
13			33		
14			34		
15			35		
16			36		
17			37		
18			38		
19			39		
20			40		

담당교사		점 수	

마무리 학습

| 월 | 일 | 이름 | 확인 |

틀린 문제 복습하기

받아쓰기

學 배울 학		大 큰 대	
校 학교 교		韓 나라 한/한국 한	
敎 가르칠 교		民 백성 민	
室 집 실		國 나라 국	
萬 일만 만		王 임금 왕	

| 월 | 일 | 요일 | 이름 | 확인 |

유래 알기

어린이가 책을 읽으며 열심히 배우는 모양

훈 배울 음 학

어린이가 책을 읽으며 열심히 배우는 모양으로, **배우다**라는 뜻의 글자

온라인에서 유래 그림을 그려보세요

활용단어 채우기

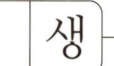 생 ─ 학교에서 공부하는 사람 ─ 學 生

예 동생도 내년이면 초등 學生(학생)이 된다.

대  ─ 학교제도의 마지막 단계 ─ 大 學

예 나도 빨리 大學(대학)생이 되고 싶다.

한 자 쓰 기

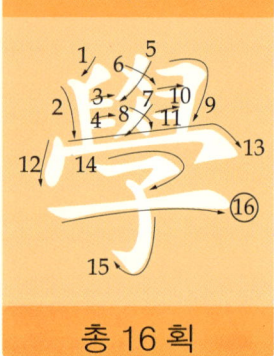

배울 **학**

| 學 | 學 | 學 | 學 | 學 |

총 16 획

한 자 쓰 기

배울 **학**

| 學 | 學 | 學 | 學 | 學 |

子(아들자) 부수

유래알기

校

 椕 · 校 · **校**

사람이 앉아 나무가 똑바로 자라도록 바로 세운 모양

똑바로 자라란 말야!!

훈 **학교** 음 **교**

구부러진 나무를 똑바로 자라도록, 사람이 다리를 꼬고 앉아 잡아당긴 모양으로, 구부러지기 쉬운 사람을 올바르게 이끌어 주는 곳이 **학교**라는 뜻의 글자

온라인에서 유래 그림을 그려보세요

🖌 활용단어 채우기

| ☐ | 문 | 학교의 정문 | 校門 |

예 친구가 校門(교문) 밖에서 기다리고 있다.

| 하 | ☐ | 학교에서 공부를 마치고 돌아옴 | 下校 |

예 下校(하교) 길은 언제나 즐겁다.

한자쓰기

학교 **교**

총 10 획

한자쓰기

학교 **교**

木(나무목) 부수

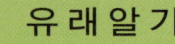
월	일	요일	이름		확인

유래 알기

옛날 막대로 점을 쳐서 따라야 할 방향을 정한 모양

귀한 아이가 태어난 모양으로 아들을 나타냄

손에 나뭇가지를 들고있는 모양

훈 가르칠 **음** 교

옳바르게 따라 하도록 아이(子)를 회초리로 쳐서 **가르친다**는 뜻의 글자

온라인에서 유래 그림을 그려보세요

활용단어 채우기

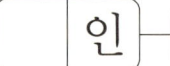

| 인 | 종교를 믿는 사람 | 敎 | 人 |

예 저 교회는 敎人(교인) 수가 500명이 넘는다.

| 실 | 학교에서 수업에 쓰는 방 | 敎  室 |

예 우리반 敎室(교실)은 삼층에 있다.

한 자 쓰 기

가르칠 **교**

총 11 획

한 자 쓰 기

가르칠 **교**

攵(등글월문) 부수

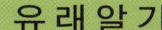

월   일   요일 | 이름 | 확인

유래 알기

훈 **집** 음 **실**

새가 먹이를 물고 밖에서 돌아와 집안에 이르는 모양

역시!! 집이 최고야~

사람(새)이 밖에서 돌아와 쉬면서 머무르는(이르는) 곳이 집 · 방이란 의미로, **집**이라는 뜻의 글자

온라인에서 유래 그림을 그려보세요

 활용단어 채우기

| | 외 | 방 밖, 바깥 | 室 | 外 |

예 오늘은 室外(실외) 운동을 하기에는 추운 날씨다.

| 왕 | | 왕의 집안 | 王 | 室 |

예 王室(왕실)에는 임금, 공주, 왕자가 살고 있었다.

한 자 쓰기

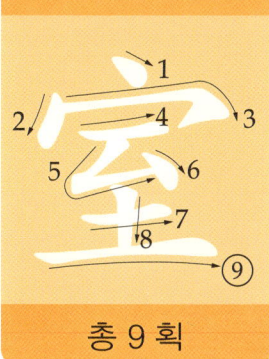

집 **실**

총 9 획

室	室	室	室	室

한 자 쓰기

집 **실**

宀(갓머리) 부수

室	室	室	室	室

유래 알 기

萬

훈 **일만** 음 **만**

많은 독을 가진 전갈의 모양

萬

날 함부로 건드리지 않는게 좋을거야. 내 독은 사람 만명도 죽일수 있다구..

전갈의 모양을 본 뜬 글자로, 전갈은 무서운 독으로 일 만명의 사람을 죽일 수 있다 는데서 **일 만**을 뜻한다

온라인에서 유래 그림을 그려보세요

🖌 활용단어 채우기

| 인 | 모든 사람 | 萬 | 人 |

예 법은 萬人(만인)앞에 평등하다.

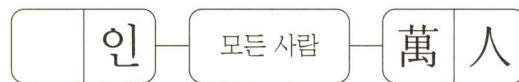

| 십 | 만의 열곱절 | 十 | 萬 |

예 이번 공연에 十萬(십만)에 이르는 관중이 모였다.

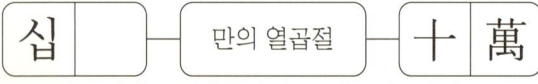

한 자 쓰 기

총 13 획

萬	萬	萬	萬	萬
일만 **만**				

한 자 쓰 기

艹 (초두) 부수

萬	萬	萬	萬	萬
일만 **만**				

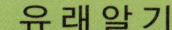

월 일 요일 이름 확인

유래 알기

훈 큰 음 대

두 손과 두 발을 크게 벌리고 있는 사람의 모양으로 크다는 의미

사람이 팔과 다리를 크게 벌리고 서 있는 모습으로, 옛날 사람들은 하늘·사람·땅이 제일 중요하다고 여겨, 사람의 가치가 **크다**라는 뜻의 글자

온라인에서 유래 그림을 그려보세요

활용단어 채우기

| | 군 | 병사의 수효가 많은 군대 | 大 | 軍 |

예 수나라 大軍(대군)을 고구려가 무찔렀다.

| | 왕 | 훌륭하고 업적이 뛰어난 임금을 일컫는 말 | 大 | 王 |

예 세종 大王(대왕)께서 한글을 만드셨다.

한자쓰기

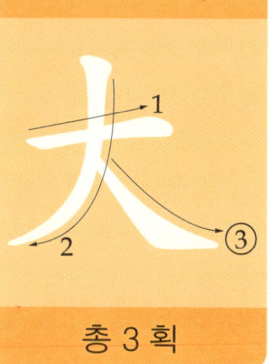

큰 대

총 3 획

| 大 | 大 | 大 | 大 | 大 |

큰 대

한자쓰기

大(큰대) 부수

| 大 | 大 | 大 | 大 | 大 |

큰 대

유래 알기

훈 **나라** 음 **한**

아침에 수풀 사이로 해가 떠오르는 모양

소의 발 끝부터 머리까지 가죽이 에워싸고 있는 모양

아침 해가 돌아 온 나라(온누리)를 에워 싸고 비추는 조용한 아침의 나라를 나타내어, 그 나라가 **한국**이라는 뜻의 글자

* 다른 뜻 – 한국 한, 나라이름 한

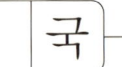 **활용단어 채우기**

| | 국 | → | 대한 민국 | → | 韓 | 國 |

예 韓國(한국)과 일본은 이웃이다.

| 남 | | → | 휴전선 이남의 한국 | → | 南 | 韓 |

예 南韓(남한)의 통일정책은 평화통일이다.

한 자 쓰기

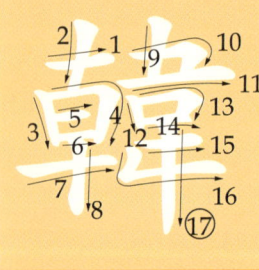

총 17 획

韓	韓	韓	韓	韓
나라 **한**				

한 자 쓰기

韋(가죽위) 부수

韓	韓	韓	韓	韓
나라 **한**				

유래 알기

엄마가 낳은 아기를 안고있는 모양

훈 **백성** 음 **민**

어머니가 낳은 모든 자식들이 나라의 **백성**이라는 뜻의 글자

* 유래연구
본래는 눈찔린 노예의 모양에서 나와
노예 → 하인 → 평민 → 국민의 뜻

 활용단어 채우기

| | 가 | — 일반 사람들이 사는 집 — | 民 | 家 |

 겨울이 되자 먹이를 찾아 야생동물들이 民家(민가)로 내려왔다.

| 국 | | — 그 나라의 국적을 가지고 있는 사람 — | 國 | 民 |

 우리나라 國民(국민)은 근면하고 성실하다.

한 자 쓰 기

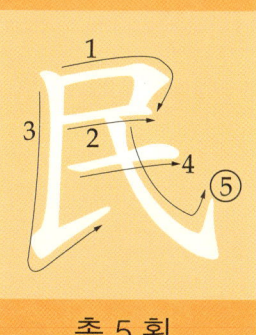

총 5 획

民	民	民	民	民
백성 **민**				

한 자 쓰 기

氏(성씨) 부수

民	民	民	民	民
백성 **민**				

유래 알기

훈 **나라** 음 **국**

울타리와 그것을 지키는 창의 모양

사람의 입과 백성이 사는 땅의 모양

나라의 울타리(口)에서 창(戈)을 들고 백성의 입(口)과 땅(一)을 지키는 모양으로, 그것이 곧 **나라**라는 뜻의 글자

온라인에서 유래 그림을 그려보세요

활용단어 채우기

| | 토 | ← 나라의 땅 → | 國 土 |

예 **國土**(국토) 사랑, 나라 사랑

| 왕 | | ← 임금이 다스리는 나라 → | 王 國 |

예 동물의 **王國**(왕국)은 금요일에 방송된다.

한 자 쓰 기

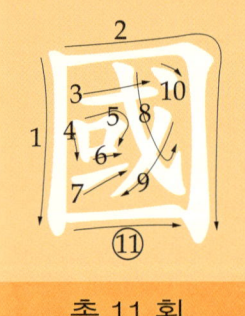

나라 국

총 11 획

| 國 | 國 | 國 | 國 | 國 |

한 자 쓰 기

나라 국

口(큰입구) 부수

| 國 | 國 | 國 | 國 | 國 |

유래 알기

王

모든 것을 다스리는 임금의 큰 도끼의 모양

훈 **임금** 음 **왕**

옛날에 힘이 제일 센 사람이 가장 큰 도끼를 가지고 있었는데, 제일 큰 도끼는 모든 것을 다스리는 **왕 · 임금**을 뜻하는 글자

온라인에서 유래 그림을 그려보세요

활용단어 채우기

| | 자 | 임금의 아들 | 王 子 |

예 나는 동화 어린 王子(왕자)를 읽고 큰 감명을 받았다.

| 국 | | 나라의 임금 | 國 王 |

예 조선 3대 國王(국왕)은 태종 이방원이다.

한자 쓰기

王 王 王 王 王

임금 **왕**

총 4 획

한자 쓰기

王 王 王 王 王

임금 **왕**

玉(구슬옥) 부수

월 일 요일 이름 확인

 다음 訓(훈:뜻)과 音(음:소리)을 가진 漢字(한자)를 <예>에서 찾아 쓰세요. (1~10)

> 예 ▶ 教 大 國 萬 民 校 王 室 韓 學

1. 나라 한 (　　　)　2. 집 실 (　　　)

3. 가르칠 교 (　　　)　4. 큰 대 (　　　)

5. 배울 학 (　　　)　6. 일만 만 (　　　)

7. 학교 교 (　　　)　8. 임금 왕 (　　　)

9. 백성 민 (　　　)　10. 나라 국 (　　　)

다음 밑줄 친 漢字(한자)의 訓(훈:뜻)과 音(음:소리)을 쓰세요. (11~15)

11. 동생도 내년이면 초등<u>學</u>생이 됩니다.

훈 :　　　　　음 :

12. 동화 '어린 <u>王</u>자'를 읽고 있습니다.

훈 :　　　　　음 :

13. 삼촌은 <u>大</u>학생입니다.

훈 :　　　　　음 :

14. 우리 나라 국<u>民</u>은 근면하고 성실합니다.

훈 :　　　　　음 :

15. 우리 반 <u>教</u>실은 삼층에 있습니다.

훈 :　　　　　음 :

◆ 해답은 98페이지에 있습니다.

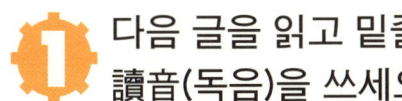

1 다음 글을 읽고 밑줄 친 漢字(한자)나 漢字語(한자어)의 讀音(독음)을 쓰세요. (1~8)

〈예〉   三 ➡ 삼

● 어제는 우리 (1)學 (2)校 (3)敎 (4)室 마다 (5)大 (6)韓 (7)民 (8)國 이라고 외치는 응원소리가 드높았습니다.

(1) 學

(2) 校

(3) 敎

(4) 室

(5) 大

(6) 韓

(7) 民

(8) 國

 다음 漢字(한자)의 訓(훈:뜻)과 音(음:소리)을 쓰세요. (9~18)

<예>   四 ➡ 넉 사

(9) 軍   (10) 敎

(11) 萬   (12) 南

(13) 國   (14) 中

(15) 水   (16) 長

(17) 金   (18) 東

 다음에 알맞은 漢字(한자)를 <예>에서 골라 써 보세요. (19~27)

<예> 校 室 寸 民 韓 小 北 外 年

(19) 북녘 북   (20) 해 년

(21) 나라 한   (22) 집 실

(23) 백성 민   (24) 마디 촌

(25) 학교 교   (26) 바깥 외

(27) 작을 소

 다음 밑줄 친 낱말 뜻에 알맞은 漢字(한자)를 <예>에서 찾아 써 보세요. (28~31)

> <예>   國   二   弟   靑   白

민호는 지난 일요일에 (28)동생과 함께 우리 (29)나라와 일본의 농구 경기를 보러 갔습니다.
우리 나라 선수들은 (30)하얀 운동복을 입고 있었고, 일본 선수들은 (31)푸른 운동복을 입고 있었습니다.

(28) 동생   (29) 나라

(30) 하얀   (31) 푸른

 아래 글의 ㉠과 ㉡의 밑줄 친 낱말에 공통으로 쓰이는 漢字(한자)를 <예>에서 골라 써 보세요. (32~33)

> <예>   木   西   生

(32) ㉠ 학교 생활이 즐겁습니다.
　　 ㉡ 선생님께서 들어 오셨습니다.

(33) ㉠ 해가 지는 쪽이 서쪽입니다.
　　 ㉡ 서양 사람들은 키가 큽니다.

 다음 글자들은 무슨 뜻이며 어떤 소리(음)로 읽을까요.
〈예〉에서 골라 보세요. (34~40)

〈예〉	만	선	임금	배우다
	왕	학	먼저	수

(34) 學은 (   )이라고 읽습니다.

(35) 學은 (   )라는 뜻입니다.

(36) 萬은 (   )이라고 읽습니다.

(37) 王은 (   )이라고 읽습니다.

(38) 王은 (   )이라는 뜻입니다.

(39) 先는 (   )이라고 읽습니다.

(40) 先는 (   )라는 뜻입니다.

제5회 확인학습 해답   1. 韓 2. 室 3. 敎 4. 大 5. 學 6. 萬 7. 校 8. 王 9. 民 10. 國
11. 배울 학 12. 임금 왕 13. 큰 대 14. 백성 민 15. 가르칠 교

8급

제 5 회 기출 / 예상 문제 답안지

번호	정 답	채점	번호	정 답	채점
1			21		
2			22		
3			23		
4			24		
5			25		
6			26		
7			27		
8			28		
9			29		
10			30		
11			31		
12			32		
13			33		
14			34		
15			35		
16			36		
17			37		
18			38		
19			39		
20			40		

담당교사		점 수	

마무리 학습

월	일	이름	확인

🔳 틀린 문제 복습하기

🔳 받아쓰기

다음 漢字(한자)의 訓(훈:뜻)과 音(음:소리)을 쓰세요.

日	月	火	水	木
金	土	中	小	山
一	二	三	四	五
六	七	八	九	十
東	西	南	北	外

다음 訓(훈:뜻)과 音(음:소리)을 가진 漢字(한자)를 쓰세요.

날 **일**	달 **월**	불 **화**	물 **수**	나무 **목**

쇠 **금**	흙 **토**	가운데 **중**	작을 **소**	메 **산**

하나 **일**	두 **이**	석 **삼**	넉 **사**	다섯 **오**

여섯 **륙**(육)	일곱 **칠**	여덟 **팔**	아홉 **구**	열 **십**

동녘 **동**	서녘 **서**	남녘 **남**	북녘 **북**	바깥 **외**

다음 漢字(한자)의 訓(훈:뜻)과 音(음:소리)을 쓰세요.

父	母	兄	弟	寸
女	人	長	年	門
先	生	青	白	軍
學	校	敎	室	萬
大	韓	民	國	王

다음 訓(훈:뜻)과 音(음:소리)을 가진 漢字(한자)를 쓰세요.

아비 **부**	어미 **모**	맏 **형**	아우 **제**	마디 **촌**

계집 **녀**	사람 **인**	긴 **장**	해 **년**	문 **문**

먼저 **선**	날 **생**	푸를 **청**	흰 **백**	군사 **군**

배울 **학**	학교 **교**	가르칠 **교**	집 **실**	일만 **만**

큰 **대**	나라 **한**	백성 **민**	나라 **국**	임금 **왕**

필순 문제 총정리

2004년부터 새롭게
필순문제가 출제된답니다.

지금까지 공부한 필순을
다시 한번 정리하고
문제를 풀어 볼까요?

◉ 필순(筆順) 이란?

한자를 쉽고 빠르게 쓰면서 글자의 조화를 이룰 수 있도록 쓰는
법을 말합니다.

◉ 전국 한자능력 검정시험의 출제 문항수

급 수	4급	4급Ⅱ	5급	6급	6급Ⅱ	7급	8급
문 항	0	0	3	3	3	2	2

※ 8급에서 5급까지만 출제됩니다.

① 위에서 아래로 쓴다.

三(석 삼) 一 二 三

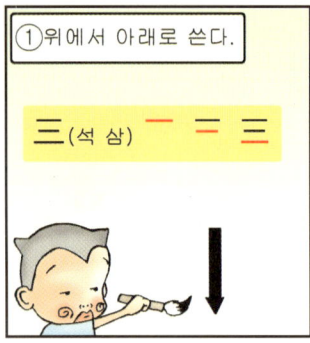

② 왼쪽에서 오른쪽으로 쓴다

川(내 천) 丿 丿丨 川

③ 가로,세로가 겹칠때는 가로획을 먼저쓴다

十(열 십) 一 十

흐음···

④ 좌우대칭일때,가운데 획을 먼저 쓴다

小(적을 소) 丿 小 小

⑤ 가운데를 꿰뚫는 세로획은 맨 나중에 쓴다

中(가운데 중) 丨 丨ㄱ 口 中

정가운데를 뚫어야지

⑥ 안쪽을 둘러싼 몸(둘레)이 있을때는 몸을 먼저쓴다

同(한가지 동) 丨 冂 冂
冂 同 同 同

나 완전히 새됐어

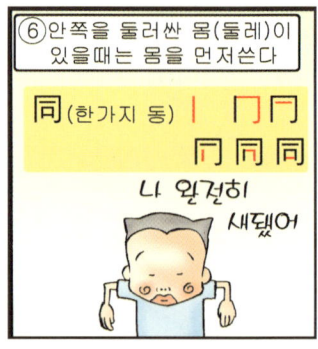

⑦ 삐침과 파임이 어울릴때는 삐침을 먼저 쓴다

文(글월 문) 丶 一 ナ 文

앗 삐침?

(삐침)   (파임)

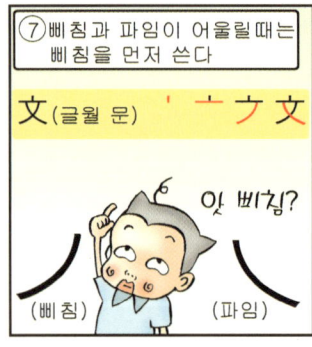

⑧ 허리를 긋는 세로획은 맨 나중에 쓴다

女(계집 녀) 乀 乄 女

허리를   졸라매야

커헉~

⑨ 아래를 에운 획은 나중에 쓴다

也(어조사 야) ㄱ 力 也

⑩ 삐침은 먼저 쓰는 것과 나중에 쓰는 것이 있다.
● 먼저 쓰는 것
  九(아홉 구) 丿 九
● 나중에 쓰는 것
  力(힘 력) ㄱ 力

끼 ~응

⑪ 오른쪽 위의 점은 맨 나중에 쓴다.

犬(개 견) 一 ナ 大 犬

나 점박이

⑫ 받침은 맨 나중에 쓴다.

近(가까울 근) 一 ㄷ ㅌ 斤 斤 沂 近

싹

1 火 자의 쓰는 순서가 올바른 것을 고르시오.(   )

가) 1-2-3-4   나) 2-3-1-4

다) 1-4-2-3   라) 1-2-4-3

2 山 자에서 2번 획은 몇 번째로 쓰는지 밝히시오.

(번째)

3 다음 한자 중 필순이 틀린 것을 고르시오.(   )

가) 門   나) 長   다) 土   라) 七

4  자의 쓰는 순서가 올바른 것을 고르시오.(   )

가) 2-4-3-1   나) 2-1-4-3
다) 1-2-4-3   라) 1-2-3-4

5 母 자의 쓰는 순서가 올바른 것을 고르시오.(   )

가) 3-1-4-5-2   나) 3-1-2-4-5
다) 1-3-2-4-5   라) 1-3-4-5-2

6 다음 한자 중 필순이 틀린 것을 고르시오.(   )

가) 十   나) 寸   다) 生   라) 王

7 女 자의 쓰는 순서가 올바른 것을 고르시오.(   )

가) 2-1-3   나) 3-2-1

다) 2-3-1   라) 1-2-3

8 兆 자에서 2번 획은 몇 번째로 쓰는지 밝히시오.

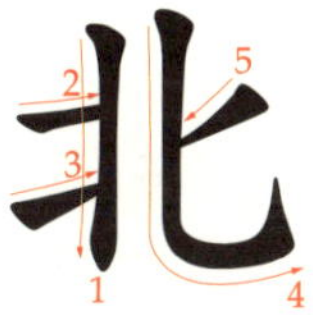

(번째)

9 다음 한자 중 필순이 틀린 것을 고르시오.(   )

가)  白   나)  四   다) 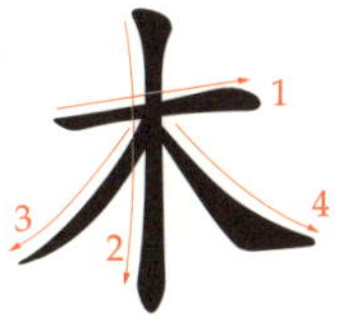 木   라)  年

10  자의 쓰는 순서가 올바른 것을 고르시오.(   )

가) 1-2-4-3   나) 1-2-3-4
다) 2-1-3-4   라) 2-1-4-3

11  자의 쓰는 순서가 올바른 것을 고르시오.(   )

가) 1-4-2-3   나) 1-3-4-2
다) 1-4-3-2   라) 1-2-4-3

12 다음 한자 중 필순이 틀린 것을 고르시오.(   )

13 西 자의 쓰는 순서가 올바른 것을 고르시오.(   )

가) 1-2-4-5-6-3   나) 1-2-4-3-5-6

다) 1-5-6-2-4-3   라) 1-2-5-6-4-3

14 五 자의 쓰는 순서가 올바른 것을 고르시오.(   )

가) 1-2-4-3   나) 1-2-3-4

다) 1-4-2-3   라) 1-3-2-4

15 다음 한자 중 필순이 틀린 것을 고르시오.(   )

가) 金   나) 小   다) 東   라) 先

8급 바로따기
아이한자

필순 문제 해답

1. 다   **2.** 1   **3.** 라   **4.** 가   **5.** 라

6. 다   **7.** 나   **8.** 2   **9.** 나   **10.** 라

11. 가   **12.** 나   **13.** 가   **14.** 다   **15.** 나

틀린 문제를
다시한번
복습하면서
써 보세요

8급 바로따기

아이한자

기출/예상 문제 해답

제1회 기출/예상 문제(23p~26p)

1 (1) 일 (2) 월 (3) 화 (4) 수 (5) 목
(6) 금 (7) 토 (8) 중 (9) 소 (10) 산

2 (11) 쇠 금 (12) 흙 토 (13) 날 일
(14) 나무 목

3 (15) 火 (16) 月 (17) 小 (18) 日

4 (19) 山 (20) 木 (21) 水

5 (22) 金 (23) 月

6 (24) 중 (25) 가운데 (26) 목 (27) 토
(28) 흙 (29) 소 (30) 작다

제2회 기출/예상 문제(41p~44p)

1 (1) 삼 (2) 월 (3) 오 (4) 일 (5) 금
(6) 산 (7) 육 (8) 일 (9) 이 (10) 사

2 (11) 물 수 (12) 여섯 륙(육) (13) 불 화
(14) 여덟 팔

3 (15) 小 (16) 土 (17) 七 (18) 四

4 (19) 十 (20) 五 (21) 土

5 (22) 七 (23) 三

6 (24) 구 (25) 아홉 (26) 팔 (27) 화
(28) 불 (29) 중 (30) 가운데

제3회 기출/예상 문제(59p~62p)

1 (1) 육 (2) 월 (3) 팔 (4) 부 (5) 모
(6) 외 (7) 삼 (8) 촌

2 (9) 달 월 (10) 어미 모 (11) 넉 사
(12) 북녘 북 (13) 일곱 칠 (14) 흙 토
(15) 동녘 동 (16) 바깥 외 (17) 불 화
(18) 아우 제

3 (19) 兄 (20) 金 (21) 二 (22) 九 (23) 西
(24) 木 (25) 父 (26) 寸 (27) 南 (28) 水

4 (29) 兄 (30) 弟 (31) 小

5 (32) 中 (33) 南

6 (34) 모 (35) 어머니 (36) 일 (37) 제
(38) 동생(아우) (39) 동 (40) 동쪽

제4회 기출/예상 문제(77p~80p)

1 (1) 목 (2) 년 (3) 육 (4) 선 (5) 생
(6) 청 (7) 군 (8) 백

2 (9) 계집 녀 (10) 긴 장 (11) 다섯 오
(12) 날 생 (13) 문 문 (14) 맏 형
(15) 마디 촌 (16) 동녘 동 (17) 불 화
(18) 여덟 팔

3 (19) 人 (20) 年 (21) 先 (22) 南 (23) 弟
(24) 西 (25) 金 (26) 中 (27) 七

4 (28) 父 (29) 母 (30) 外 (31) 人

5 (32) 女 (33) 東

6 (34) 청 (35) 푸르다 (36) 소 (37) 군
(38) 군사 (39) 백 (40) 희다

제5회 기출/예상 문제(95p~98p)

1 (1) 학 (2) 교 (3) 교 (4) 실 (5) 대
(6) 한 (7) 민 (8) 국

2 (9) 군사 군 (10) 가르칠 교 (11) 일만 만
(12) 남녘 남 (13) 나라 국 (14) 가운데 중
(15) 물 수 (16) 긴 장 (17) 쇠 금
(18) 동녘 동

3 (19) 北 (20) 年 (21) 韓 (22) 室 (23) 民
(24) 寸 (25) 校 (26) 外 (27) 小

4 (28) 弟 (29) 國 (30) 白 (31) 靑

5 (32) 生 (33) 西

6 (34) 학 (35) 배우다 (36) 만
(37) 왕 (38) 임금 (39) 선 (40) 먼저

◆ 제1회 모의 전국한자능력검정시험 ◆

1 1. 팔 2. 륙 3. 십 4. 사 5. 서 6. 동 7. 부 8. 모 9. 형 10. 오
11. 학 12. 년 13. 문 14. 교 15. 실

2 16. 흙 토 17. 바깥 외 18. 북녘 북 19. 일곱 칠 20. 흰 백 21. 작을 소
22. 달 월 23. 해 년 24. 임금 왕

3 25. ⑧ 26. ② 27. ⑤ 28. ⑦ 29. ⑨ 30. ③ 31. ④ 32. ① 33. ⑩ 34. ⑥

4 35. ⑤ 36. ① 37. ④ 38. ③ 39. ②

5 40. ② 41. ⑤ 42. ③

6 43. ⑤ 44. ① 45. ⑦ 46. ④ 47. ② 48. ⑧

7 49. 가 50. 2 번째

◆ 제2회 모의 전국한자능력검정시험 ◆

1 1. 삼 2. 학 3. 년 4. 사 5. 이 6. 십 7. 칠 8. 교 9. 장 10. 선
11. 생 12. 형 13. 제 14. 부 15. 모

2 16. 가운데 중 17. 큰 대 18. 아홉 구 19. 문 문 20. 동녘 동 21. 마디 촌
22. 집 실 23. 남녘 남 24. 계집 녀

3 25. ⑤ 26. ⑩ 27. ⑥ 28. ⑧ 29. ④ 30. ① 31. ⑦ 32. ⑨ 33. ② 34. ③

4 35. ② 36. ⑤ 37. ① 38. ④ 39. ⑥

5 40. ⑤ 41. ③ 42. ①

6 43. ④ 44. ⑦ 45. ⑧ 46. ⑥ 47. ⑤ 48. ①

7 49. 나 50. 나

◆ 제3회 모의 전국한자능력검정시험 ◆

1 1. 칠 2. 월 3. 팔 4. 삼 5. 십 6. 일 7. 일 8. 산 9. 북 10. 한
11. 남 12. 중 13. 학 14. 교 15. 형

2 16. 불 화 17. 서녘 서 18. 아비 부 19. 흰 백 20. 해 년 21. 가르칠 교
22. 다섯 오 23. 문 문 24. 먼저 선

3 25. ⑦ 26. ④ 27. ⑧ 28. ② 29. ⑨ 30. ③ 31. ① 32. ⑥ 33. ⑤ 34. ⑩

4 35. ② 36. ④ 37. ⑥ 38. ③ 39. ①

5 40. ④ 41. ⑥ 42. ②

6 43. ⑤ 44. ⑧ 45. ⑦ 46. ① 47. ③ 48. ⑥

7 49. 1번째 50. 가

※ 8급을 모두 마친 다음에
　모의고사 답을 이 곳에 기재하세요.

수험번호 □□□－□□－□□□□　　　성명 □□□□□

주민등록번호 □□□□□□－□□□□□□□　　※ 유성 싸인펜, 붉은색 필기구 사용 불가.

※ 답안지는 컴퓨터로 처리되므로 구기거나 더럽히지 마시고, 정답 칸 안에만 쓰십시요.
　글씨가 채점란으로 들어오면 오답처리가 됩니다.

제 1회 전국한자능력검정시험 8급 답안지(1)

번호	정답	1검	2검	번호	정답	1검	2검
	답안란	**채점란**			**답안란**	**채점란**	
1				13			
2				14			
3				15			
4				16			
5				17			
6				18			
7				19			
8				20			
9				21			
10				22			
11				23			
12				24			

감독위원	채점위원(1)		채점위원(2)		채점위원(3)	
(서명)	(득점)	(서명)	(득점)	(서명)	(득점)	(서명)

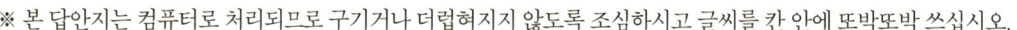

※ 본 답안지는 컴퓨터로 처리되므로 구기거나 더럽혀지지 않도록 조심하시고 글씨를 칸 안에 또박또박 쓰십시오.

제 1회 전국한자능력검정시험 8급 답안지(2)

번호	정 답	1검	2검	번호	정 답	1검	2검
25				38			
26				39			
27				40			
28				41			
29				42			
30				43			
31				44			
32				45			
33				46			
34				47			
35				48			
36				49			
37				50			

절
취
선

절
취
선

수험번호 □□□ - □□ - □□□□　　　　성명 □□□□□

주민등록번호 □□□□□□ - □□□□□□□　　※ 유성 싸인펜, 붉은색 필기구 사용 불가.

※ 답안지는 컴퓨터로 처리되므로 구기거나 더럽히지 마시고, 정답 칸 안에만 쓰십시요.
글씨가 채점란으로 들어오면 오답처리가 됩니다.

제 2회 전국한자능력검정시험 8급 답안지(1)

번호	답안란 정 답	채점란 1검	채점란 2검	번호	답안란 정 답	채점란 1검	채점란 2검
1				13			
2				14			
3				15			
4				16			
5				17			
6				18			
7				19			
8				20			
9				21			
10				22			
11				23			
12				24			

감독위원	채점위원(1)		채점위원(2)		채점위원(3)	
(서명)	(득점)	(서명)	(득점)	(서명)	(득점)	(서명)

※ 본 답안지는 컴퓨터로 처리되므로 구기거나 더럽혀지지 않도록 조심하시고 글씨를 칸 안에 또박또박 쓰십시오.

제 2회 전국한자능력검정시험 8급 답안지(2)

번호	답안란 정 답	채점란 1검	2검	번호	답안란 정 답	채점란 1검	2검
25				38			
26				39			
27				40			
28				41			
29				42			
30				43			
31				44			
32				45			
33				46			
34				47			
35				48			
36				49			
37				50			

절
취
선

수험번호 □□□-□□-□□□□　　　　성명 □□□□□

주민등록번호 □□□□□□-□□□□□□□　　※ 유성 싸인펜, 붉은색 필기구 사용 불가.

※ 답안지는 컴퓨터로 처리되므로 구기거나 더럽히지 마시고, 정답 칸 안에만 쓰십시요.
　글씨가 채점란으로 들어오면 오답처리가 됩니다.

제 3회 전국한자능력검정시험 8급 답안지(1)

번호	정 답	1검	2검	번호	정 답	1검	2검
	답안란	채점란			답안란	채점란	
1				13			
2				14			
3				15			
4				16			
5				17			
6				18			
7				19			
8				20			
9				21			
10				22			
11				23			
12				24			

감독위원	채점위원(1)		채점위원(2)		채점위원(3)	
(서명)	(득점)	(서명)	(득점)	(서명)	(득점)	(서명)

※ 본 답안지는 컴퓨터로 처리되므로 구기거나 더럽혀지지 않도록 조심하시고 글씨를 칸 안에 또박또박 쓰십시오.

제 3회 전국한자능력검정시험 8급 답안지(2)

번호	답안란 정 답	채점란 1검	2검	번호	답안란 정 답	채점란 1검	2검
25				38			
26				39			
27				40			
28				41			
29				42			
30				43			
31				44			
32				45			
33				46			
34				47			
35				48			
36				49			
37				50			

4 다음 밑줄 친 낱말 뜻에 알맞은 漢字 (한자)를 〈例(예)〉에서 찾아 그 번호를 쓰시오.(35~39)

| 〈例(예)〉 | ①長 | ②人 | ③大 |
| | ④木 | ⑤王 | ⑥水 |

여름이 되면 사람³⁶들은 나무³⁷ 그늘을 찾고, 시원한 물³⁸을 찾게 된다. 큰³⁹ 길에는 더위를 피해 휴가를 보내려는 사람들을 태운 차들이 길게⁴⁰ 늘어서 있게 된다.

35. 사람
36. 나무
37. 물
38. 큰
39. 길게

5 아래 글의 ㉠과 ㉡의 밑줄 친 낱말에 공통으로 쓰이는 漢字(한자)를 〈例(예)〉에서 찾아 그 번호를 쓰시오. (40~42)

| 〈例(예)〉 | ①金 | ②生 | ③室 |
| | ④外 | ⑤萬 | ⑥民 |

40. ㉠ 외국 여행을 가는 사람이 많다.
    ㉡ 야외로 놀러 갔다.
41. ㉠ 우리 민족은 문화 민족이다.
    ㉡ 마을 주민들이 청소를 한다.
42. ㉠ 학생이 책을 보고 있다.
    ㉡ 규칙적인 생활을 하자.

6 다음 漢字(한자)는 무슨 뜻이며 어떤 소리(음)로 읽을까요? 〈例(예)〉에서 찾아 그 번호를 쓰시오.(43~48)

| 〈例(예)〉 | ①서 ②집 ③어미 ④여섯 |
| | ⑤나라 ⑥모 ⑦서쪽 ⑧국 |

43. 國은 (   )라는 뜻입니다.
44. 國은 (   )이라고 읽습니다.
45. 西는 (   )이라는 뜻입니다.
46. 西는 (   )라고 읽습니다.
47. 母는 (   )라는 뜻입니다.
48. 母는 (   )라고 읽습니다.

7 다음 漢字(한자)의 필순을 밝히시오. (49~50)

49.  자에서 2번 획은 몇 번째 로 쓰는지 밝히시오.

50. 父 자의 쓰는 순서가 올바른 것을 고르시오.

가) 1-4-2-3
나) 1-3-4-2
다) 1-4-3-2
라) 1-2-4-3

第3回 全國漢字能力檢定試驗 8級 問題紙

꼭 본책 뒷부분에 있는 답안지에만 답을 써 넣으세요.

❶ 다음 글을 읽고 밑줄 친 漢字(한자)
나 漢字語(한자어)의 讀音(독음)을
쓰시오. (1~15)

〈例(예)〉　　漢字　→　한자

① 七¹月². 八³月은 三⁴十⁵一⁶ 日⁷까지
입니다.
② 백두山⁸은 北⁹韓¹⁰에 있고 한라山은
南¹¹韓에 있습니다.
③ 中¹²學¹³校¹⁴에 다니는 兄¹⁵이 노래를
가르쳐 줍니다.

1. 七
2. 月
3. 八
4. 三
5. 十
6. 一
7. 日
8. 山
9. 北
10. 韓
11. 南
12. 中
13. 學
14. 教
15. 兄

❷ 다음 漢字(한자)의 訓(훈:뜻)과
音(음:소리)을 쓰시오. (16~24)

〈例(예)〉　　音 → 소리 음

16. 火
17. 西
18. 父
19. 白
20. 年
21. 教
22. 五
23. 門
24. 先

❸ 다음에 알맞은 漢字(한자)를 〈例(예)〉
에서 찾아 그 번호를 쓰시오. (25~34)

〈例(예)〉　①王 ②土 ③九 ④東 ⑤萬
　　　　　⑥室 ⑦弟 ⑧二 ⑨軍 ⑩小

25. 아우 제
26. 동녘 동
27. 두 이
28. 흙 토
29. 군사 군
30. 아홉 구
31. 임금 왕
32. 집 실
33. 일만 만
34. 작을 소

4 다음 밑줄 친 낱말 뜻에 알맞은 漢字(한자)를 〈例(예)〉에서 찾아 그 번호를 쓰시오.(35~39)

| 〈例(예)〉 | ①靑 | ②水 | ③南 |
| | ④木 | ⑤白 | ⑥山 |

오랜만에 야외로 나가 흐르는 물³⁶, 흰³⁶ 구름이 피어 오르는 푸른³⁶ 하늘, 나무³⁶ 들이 우거진 산³⁶을 보니 마음이 상쾌 했습니다.

35. 물
36. 흰
37. 푸른
38. 나무
39. 산

5 아래 글의 ㉠과 ㉡의 밑줄 친 낱말에 공통으로 쓰이는 漢字(한자)를 〈例(예)〉에서 찾아 그 번호를 쓰시오. (40~42)

| 〈例(예)〉 | ①日 | ②國 | ③人 |
| | ④校 | ⑤韓 | ⑥山 |

40. ㉠ 한복을 입으니 예쁩니다.
    ㉡ 금강산은 북한에 있습니다.
41. ㉠ 우리나라에는 훌륭한 인물이 많다.
    ㉡ 우리 아버지는 시인입니다.
42. ㉠ 내일은 일찍 일어나야 합니다.
    ㉡ 오늘은 일기를 꼭 쓰겠습니다.

6 다음 漢字(한자)는 무슨 뜻이며 어떤 소리(음)로 읽을까요? 〈例(예)〉에서 찾아 그 번호를 쓰시오.(43~48)

| 〈例(예)〉 | ①화 ②여덟 ③아홉 ④흙 |
| | ⑤불 ⑥월 ⑦토 ⑧달 |

43. 土는 (   )이라는 뜻입니다.
44. 土는 (   )라고 읽습니다.
45. 月은 (   )이라는 뜻입니다.
46. 月은 (   )이라고 읽습니다.
47. 火는 (   )이라는 뜻입니다.
48. 火는 (   )이라고 읽습니다.

7 다음 漢字(한자)의 필순을 밝히시오. (49~50)

49.  자의 쓰는 순서가 올바른 것을 고르시오.

가) 2-1-3
나) 3-2-1
다) 2-3-1
라) 1-2-3

50. 다음 한자 중 필순이 틀린 것을 고르시오.

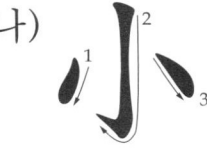

가) 金   나) 小
다) 東   라) 先

第2回 全國漢字能力檢定試驗 8級 問題紙

꼭 본책 뒷부분에 있는 답안지에만 답을 써 넣으세요.

1 다음 글을 읽고 밑줄 친 漢字(한자)나 漢字語(한자어)의 讀音(독음)을 쓰시오. (1~15)

〈例(예)〉　　漢字　→　한자

① 나는 三¹學²年³ 四⁴반입니다. 우리 반 친구는 모두 二⁵十⁶七⁷명입니다.
② 校⁸長⁹ 先¹⁰生¹¹님께서 위인들에 대한 이야기를 해 주셨습니다.
③ 우리 兄¹²弟¹³는 父¹⁴母¹⁵님 심부름을 잘 합니다.

1. 三
2. 學
3. 年
4. 四
5. 二
6. 十
7. 七
8. 校
9. 長
10. 先
11. 生
12. 兄
13. 弟
14. 父
15. 母

2 다음 漢字(한자)의 訓(훈:뜻)과 音(음:소리)을 쓰시오. (16~24)

〈例(예)〉　音 → 소리 음

16. 中
17. 大
18. 九
19. 門
20. 東
21. 寸
22. 室
23. 南
24. 女

3 다음에 알맞은 漢字(한자)를 〈例(예)〉에서 찾아 그 번호를 쓰시오. (25~34)

〈例(예)〉　①六 ②教 ③五 ④王 ⑤外
　　　　　⑥民 ⑦軍 ⑧西 ⑨萬 ⑩金

25. 바깥 외
26. 쇠 금
27. 백성 민
28. 서녘 서
29. 임금 왕
30. 여섯 륙(육)
31. 군사 군
32. 일만 만
33. 가르칠 교
34. 다섯 오

4 다음 밑줄 친 낱말 뜻에 알맞은 漢字(한자)를 〈例(예)〉에서 찾아 그 번호를 쓰시오.(35~39)

〈例(예)〉	①大	②長	③人
	④木	⑤弟	⑥北

동생³⁶이 가지고 놀던 공이 큰³⁷ 나무³⁸에 걸려 어떤 사람³⁹이 긴⁴⁰ 막대기를 써서 내려 주었습니다.

35. 동생
36. 큰
37. 나무
38. 사람
39. 긴

5 아래 글의 ㉠과 ㉡의 밑줄 친 낱말에 공통으로 쓰이는 漢字(한자)를 〈例(예)〉에서 찾아 그 번호를 쓰시오. (40~42)

〈例(예)〉	①學	②國	③女
	④校	⑤生	⑥山

40. ㉠ 국군은 나라를 지킵니다.
　　㉡ 외국 사람이 길을 묻고 있습니다.
41. ㉠ 내 생일은 오월에 있습니다.
　　㉡ 나는 학생입니다.
42. ㉠ 어머니는 여자입니다.
　　㉡ 누나는 여학생입니다.

6 다음 漢字(한자)는 무슨 뜻이며 어떤 소리(음)로 읽을까요? 〈例(예)〉에서 찾아 그 번호를 쓰시오.(43~48)

〈例(예)〉	①중 ②바깥 ③아홉 ④촌
	⑤가운데 ⑥청 ⑦마디 ⑧외

43. 中은 (　　　)라는 뜻입니다.
44. 中은 (　　　)이라고 읽습니다.
45. 寸은 (　　　)라는 뜻입니다.
46. 寸은 (　　　)이라고 읽습니다.
47. 外는 (　　　)이라는 뜻입니다.
48. 外는 (　　　)라고 읽습니다.

7 다음 漢字(한자)의 필순을 밝히시오. (49~50)

49. 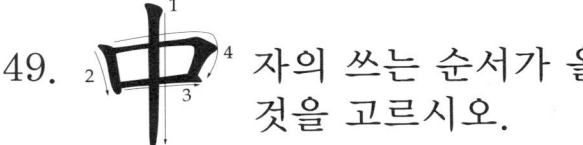 자의 쓰는 순서가 올바른 것을 고르시오.

가) 2-4-3-1
나) 2-1-4-3
다) 1-2-4-3
라) 1-2-3-4

50. 北 자에서 2번 획은 몇 번째로 쓰는지 밝히시오.

第1回 全國漢字能力檢定試驗 8級 問題紙

꼭 본책 뒷부분에 있는 답안지에만 답을 써 넣으세요.

1 다음 글을 읽고 밑줄 친 漢字(한자)나 漢字語(한자어)의 讀音(독음)을 쓰시오.(1~15)

〈例(예)〉　漢字 → 한자

① 八¹에 六²을 더하면 十³四⁴가 됩니다.
② 인천은 서울의 西⁵쪽에 있고 강릉은 서울의 東⁶쪽에 있습니다.
③ 다음 일요일에 父⁷母⁸님과 함께 축구를 보러 가기로 했습니다.
④ 兄⁹은 五¹⁰學¹¹年¹²입니다.
⑤ 門¹³을 열고 敎¹⁴室¹⁵에 들어가니 철수가 먼저와 있었습니다.

1. 八
2. 六
3. 十
4. 四
5. 西
6. 東
7. 父
8. 母
9. 兄
10. 五
11. 學
12. 年
13. 門
14. 敎
15. 室

2 다음 漢字(한자)의 訓(훈:뜻)과 音(음:소리)을 쓰시오.(16~24)

〈例(예)〉　音 → 소리 음

16. 土
17. 外
18. 北
19. 七
20. 白
21. 小
22. 月
23. 年
24. 王

3 다음에 알맞은 漢字(한자)를 〈例(예)〉에서 찾아 그 번호를 쓰시오.(25~34)

〈例(예)〉 ①民 ②火 ③軍 ④南 ⑤先
⑥水 ⑦日 ⑧靑 ⑨萬 ⑩三

25. 푸를 청
26. 불 화
27. 먼저 선
28. 날 일
29. 일만 만
30. 군사 군
31. 남녘 남
32. 백성 민
33. 석 삼
34. 물 수

전국한자능력검정시험 대비

모의 전국한자능력검정시험

※ 模擬(모의) : 실례와 비슷한 형식과 내용으로 연습삼아 해 봄.

모의 전국한자능력검정시험 실시 전 유의 사항

1. 모의 전국한자능력검정시험은 실제 시험과 똑같은 형식(답안지 포함)으로 되어 있는 만큼 실제시험을 치른다는 마음 가짐으로 임해 주십시요.
2. 모의 전국한자능력검정시험은 아이한자 8급을 완전하게 학습한 다음에 치르십시요.
3. 해답은 이 교재에 있는 실제 답안지에 기입하게 하세요.
4. 8급의 문항 수는 50문항이며, 배정 시간은 50분입니다.
5. 답안지를 작성할 때에는 실제 답안지에서와 같은 검은색 필기 도구(초등학생은 연필도 가능)를 사용하도록 하세요.
6. 오답처리가 되지 않도록 글씨를 또박또박 써 주십시요.

모의 전국한자능력검정시험 실시 후 유의 사항

1. 실제 시험에서와 같이 배정 시간 50분을 정확히 지키도록 하세요.
2. 반드시 채점을 해주시고 주관식의 경우 애매하게 쓴 답은 오답으로 처리해 주세요.
3. 본 모의고사의 시험 결과에 대하여 아래 표의 학습 진도를 맞추어 주십시요.

※실제 시험의 합격 문항수는 35점 입니다.

등급	점 수	평 가	합격여부	학 습 진 행
A	43~50	우 수	합 격	7급 한자 ①호 학습 가능
B	35~42	보 통	합 격	7급 한자 ①호 학습 가능
C	34 이하	부 족	불 합 격	8급 한자 다시 복습 후 재 평가 필요